심령의 세계

▲ 엠마누엘 · 스웨덴보그(Emanuel Swedenborg : 1688～1772)
스웨덴의 신비사상자이며 심령술의 선구자로, 철학자 · 과학자 · 천문학자 · 동물학자 · 해부학자 · 물리학자를 겸했다. 청년기부터 영력(靈力)을 가졌으며, 1744년부터 영의 세계에 대해 집필을 시작했다.

▲ 안드류 · 잭슨 · 티피스
미국 뉴욕의 심령술 선구자. 17세때 부터 최면상태에서 환자를 진단하는 방법을 처음 개발했고, 스웨덴보그가 죽은지 72년이 지난 1844년에 환시(幻視)중 스웨덴보그와 2세기의 그리스 의학자인 크라우데뷔스 · 카레누스의 영혼을 만났다.

▲ 다니엘 · 왕글라스 · 홈
1833년 스코트랜드 출생의 최고 영매자. 공중속에 뜨거나 빵이 지진처럼 흔들리고 심령의 손이 보이는 등 홈이 만드는 이상한 현상은 신기했다. 그는 에리자베드 · 버넷드 · 브라우닝을 비롯하여 나폴레옹 3세에게도 큰 감명을 주었다.

▲ 알랑 · 깔딕
프랑스 출신으로 심령술의 기초 텍스트를 만들었다. 탄생했을 때는 이뽀릿또 · 레옹 · 드느절 · 리벨르였으나 전생의 이름이 알랑 · 깔딕인 것을 믿고 이것을 필명으로 사용했다. 그의 철학서적《영감의 책》은 지금도 읽혀지고 있다.

▲ 윌리엄 · 버렛드 경(卿)
아일랜드 더블린에 있는 초얄 · 칼리지의 의학 · 물리학 교수였으나 심령연구의 기초를 만들었다. 처음에는 애매하게 보이는 심령현상에 대해 의심을 가졌으나 텔레파시는 증명된다고 생각했다. 결국 그는 실험에 의해 영계의 존재를 확신하게 되었다.

▲ 올리버 · 롯지경(卿)
영국 리버풀대학의 세계적 물리학자였던 롯지교수도 1920년대에 텔레파시 시험을 하고 있었다. 결국 심령현상을 과학적으로 조사한 뒤 심령술 신봉자가 되었다. 또 죽은 자식과의 교신에 의해 심령의 영향에 관한 책을 집필했다.

▲ 네오노아 · 파이파 부인
미국 포스톤의 유명한 영매자. 그녀의 영 현상은 대부분 엄밀한 과학적 감시 밑에서 행해졌다. 그녀의 영적 능력은 정신집중에 의한 것으로 향기를 풍기는 꽃이 눈앞에 나타난 뒤 얼마후 시드는 현상과 비슷했다.

▲ 헨리 · 스레이드 박사
미국의 유명한 석판(石板)필기의 영매자. 특히 검은 칠판에서의 심령 필기가 관심을 집중시켰다. 그는 소련의 레닌그라드 대학에서 연구중인 브라파츠키 부인과 오르콧트 대령에게 초자연 현상을 1876년에 보여 주었다.

▲ 마이나 · 그랑톤
미국의 여성 영매자로 하바드 의과대학의 외과교수 부인이며 본명은 마젤리 · 그랑톤. 그녀의 지배령(支配靈)은 1911년 열차사고로 죽은 오빠였다. 그녀가 최초로 국제적인 관심을 집중시킨 것은 '눈에 보이는 심령현상'을 만들수 있는 영매자에 많은 상금을 제공한다는 〈사이언티휙 · 아메리카〉잡지의 제안에 응모했을 때다.

▲ 윌리암 · 스테이튼 · 모지스
목사였던 영국의 영매자. 그는 유명한 자동 필기를 보여주었다. 그는 황홀한 상태에서 계속 글을 썼으며, 영 자신이 사용하는 단어가 혼합되어 있었다.

▲ 위니프렛 · 쿰 · 데난트 부인
영국의 치안 판사였던 그녀는 동시에 위렛트 부인이라는 별명을 갖인 영매자이기도 했다. 그녀는 정상적인 상태에서 자동필기를 했다. 사후에도 그녀는 상세한 영 통신을 보내 왔다.

▲ 제랄린 · 카밍즈
아일랜드의 여성 영매자. 그녀의 자동필기는 주로 신비적인 면이 많았다. 그리고 놀랠만큼 박식했다. 위니프렛 · 쿰 · 레단트의 아들로 부터 돌아간 어머니와 영신(靈信)하고 싶다는 의뢰를 받은 그녀는 1957년부터 3년동안 영신 필기를 하였는데, 그 내용은 가까운 가족만이 알수 밖에 없는 상세한 것으로 가득차 있었다.

유명한 심령사진

19세기 후반부터 20세기 초에 걸쳐 미국의 윌리엄 · 마물러와 영국의 윌리엄 · 홉 등이 심령사진 작가로 등장했다.

그들은 스냅 사진을 찍을 때, 피사체 뒤에 죽은 부모나 친척의 얼굴, 모습 등을 떠오르게 한뒤 촬영 했다. 이와같은 심령사진은 촬영자에게 영 능력이 비장되어 있기 때문에 가능했다.

이 사진은 1932년 11월 11일, 영능자 아타 · 테인 부인에 의해 촬영된 것으로, 여기에 참석한 사람들 머리 위에 엑크토프라즘(幽體)으로 보이는 에너지 물체가 떠올라 있다.

古典的心靈寫真

◀ 20세기 초에 활약한 영국의 심령사진 작가 윌리엄 · 홉이 촬영한 촬즈 부처의 스냅 사진. 이 사진 위에는 1913년에 죽은 부인의 아버지인 프랭크 · 버넷드의 유자(幽姿)가 나타나 있다.

◀ 윌리엄 · 홉이 1924년 9월에 영매자인 버크스톤 부인과 같이 촬영한 스냅사진이다. 여기에도 1921년 11월에 사망한 레리 · 하이드의 얼굴이 뒤에 떠오르고 있다. 이 홉의 심령사진은 진실성이 높은 것으로 알려져 있다.

▶ 윌리엄 · 홉이 찍은 심령 사진. 이것은 롱게키부인의 스냅 사진인데, 이미 돌아간 그녀의 여동생 모습이 나타나 사진에 찍혀 있다.

유령의 개

▲ 동물의 유령 모습도 가끔 사진으로 촬영된다. 영국 베킹검 셔에서 1916년에 촬영된 이 사진은 여러가지 희미한 개사진이 찍혀져 있다.

◀ 벽에 나타난 목사의 얼굴
1897년에 사망한 목사의 옆 얼굴이 교회의 출입구 옆에 있는 외벽에 돌연 나타났다.

▶ 소녀의 옆에 나타난 숙부의 유령
활짝 웃고 있는 소녀의 팔밑부분을 잘보라. 이것은 1922년 미국 뉴저지주 뉴아크의 소녀 이자베라 · 허고를 가족들이 찍은 스냅사진이다. 촬영시에는 보이지 않았으나 오래 전에 돌아가신 숙부의 모습이 들어 있었다.

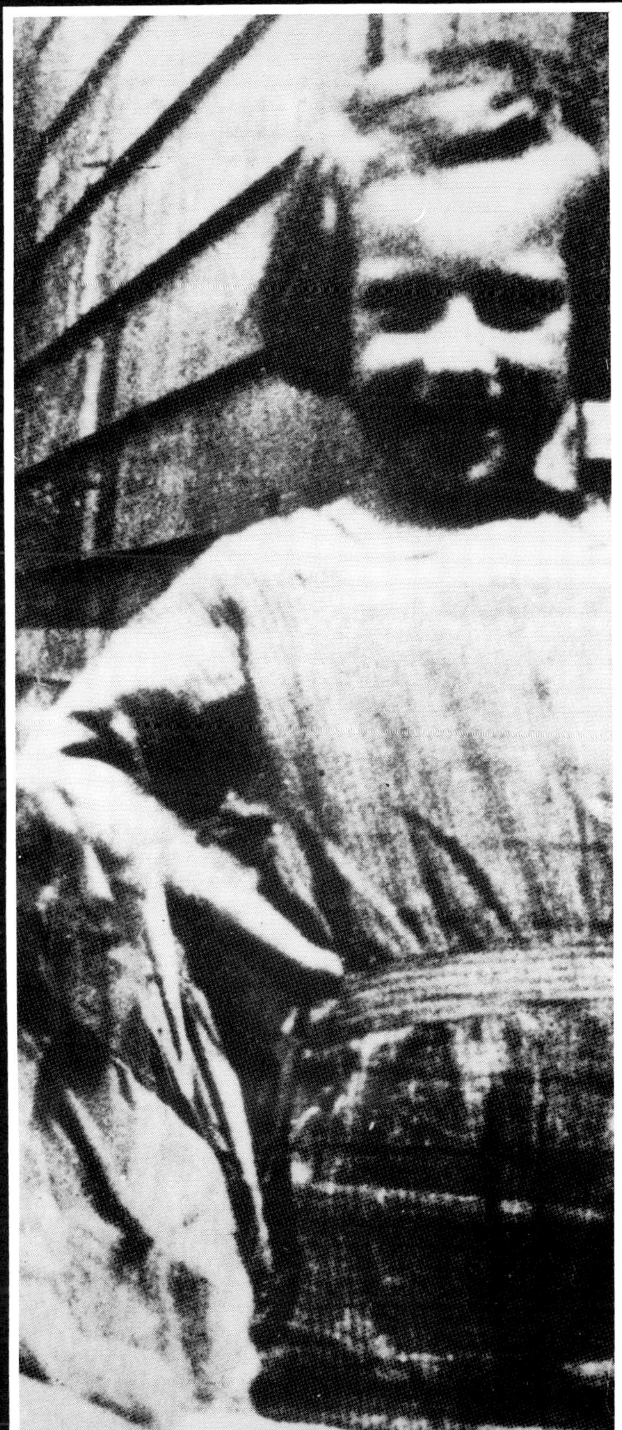

▲ 암살된 링컨 대통령의 유령 모습
미국의 심령사진작가 윌리엄 미물러가 1865년 말경에 촬영한 사진이다. 그해 4월에 암살된 링컨대통령의 유령 모습이 뒤에 서서 그녀의 양쪽 어깨에 손을 얹고 있다. 링컨은 생전에 심령현상에 대해 깊은 관심을 가지고 부인과 같이 심령회에 참석한 바가 있다고 한다.

▲ 소녀의 복부에서 나오는 유체
이것은 보통 심령사진(사이킥 포토그라프)이라고 불리우고 있는 살아 있는 인간에 의해 일어나고 있는 현상의 하나다. 1957년 미국 일리노이주 시카코에서 촬영된 것으로서 촬영에는 구식 포라로이드 카메라가 사용되었다. 필름을 빼는 순간에 기묘한 형상이 화면에 나타났다. 많은 영능자들은 이것이 심령체인 것 같다고 지적하고 있다. 이 소녀는 옛날에 몇번의 영적 체험이 있었다고 말하고 있다.

▲ 휘황 찬란한 성모마리아의 출현
바닷가에 있는 교회의 십자가를 촬영했을 때 뒷편에서 빛나는 성모상이 촬영되었다. 이 기적은 1977년의 부활제에서 미국 플로리다주 파스 · 아 · 브릴에서 발생되었다. 촬영자인 쥬디 · 라쿠엘 부인은 이때 성모 마리아의 목소리를 들었다고 한다.

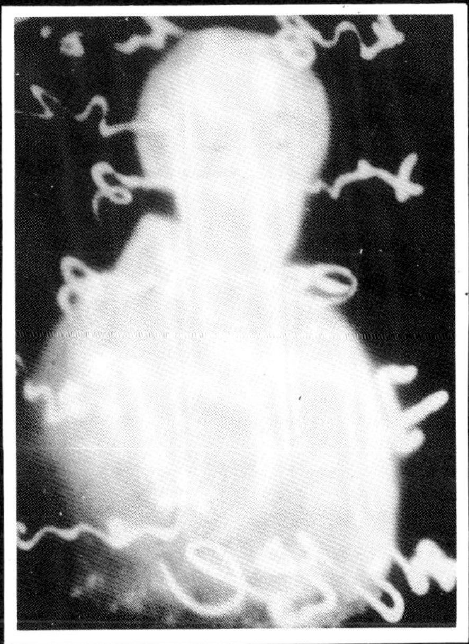

▲ 달의 뒷면을 염사(念寫)한 남자
지금은 전설처럼 되었지만 염사를 통해 달의 뒷면을 예언한 남자의 사진이다. 당시에는 이것이 믿어지지 않았지만 미국, 소련의 달나라 탐사에 의해 확인되었다.

▲ 자동필기되는 모양
그레스 · 로셔라고 하는 영매자를 통해 교신되고 있는 자동으로 필기되고 있는 모습으로서, 가볍게 펜을 쥐기만 해도 자동적으로 독특한 심령의 필적이 나타난다.

▼ 인디언 성지에 나타난 영광(靈光)
미국 저지어주의 체스터 · 하슈씨가 어떤 인디언 성지를 방문했을때 촬영한 것으로 둥근 광채가 나타나 있다. 이 사진을 영시한 영매자들은 보석을 감추고 있는 영적인 빛이라고 주장하고 있다.

▼ 카메라가 포착한 영광(靈光)
1977년 6월 영국 에섹스에 있는 S.C.니미씨의 집안에서 부안이 찍은 스냅사진에 괴상한 빛깔이 나타나 있다. 촬영시 그녀는 오싹하는 느낌을 받았다고 한다.

▲ 눈물방울이 떨어지고 있는 마리아 상(像)
경건하게 기도하고 있는 교회의 신도들 앞에 돌연 미리아상 눈에서 콩알만한 눈물이 흐르기 시작했다. 이 마리아상은 1984년 미국 뉴욕 부르클린 교회 안에서 촬영된 것이다. 목격자에 의하면 햇빛이 마리아상 눈을 비치면서 즉시 폭포수와 같은 눈물이 흘러내렸고 1시간 동안에 2컵 정도가 나왔다고 한다.

◀ 피를 흘리고 있는 마리아리아
1974년 이태리의 테레사 · 뮤소고라고 하는 여성의 집에 장식되어 있는 성모 미라아의 사진에서 돌연 피눈물이 흘렀다.

▲ **한 도시에서 촬영된 불의 구슬**

1986년 3월 일본의 한 도시에서 오렌지 색 불의 구슬이 연속 촬영되었다. 이 구슬은 지붕 위에 나타나 있고 기와가 이 구슬에 의해 오렌지 색으로 빛나고 있다.

◀ 콘스탄틴 라디베와 각도계(角度計)
이 기계는 죽은 사람으로부터 보내오는 목소리를 수신 녹음하는 장치로서 심령의 소리에 흥미를 갖인 전자공학 기사가 특별히 제작한 것이다.

▼ 한스 벤타박사
그는 유르겐손씨가 녹음한 심령의 목소리를 과학적으로 조사 확인하고 있다.

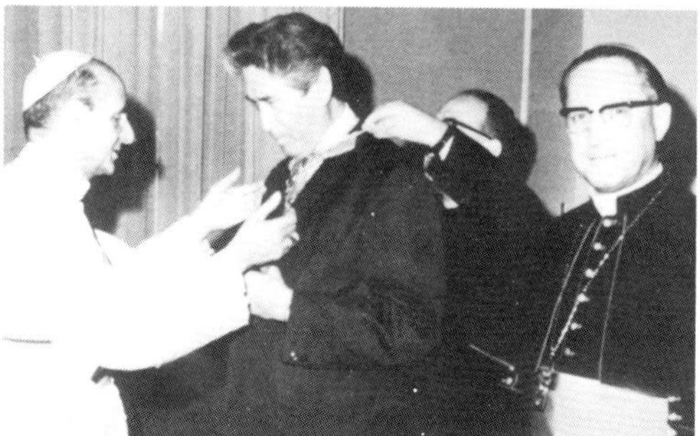

▲ 로마법왕 바오로 6세의 훈장수여
바티칸에서 심령의 목소리 녹음에 성공한 유르겐손씨에게 법왕이 영예의 훈장을 수여하고 있는 모습이다.

불/가/사/의/한/곳

심령의 세계

안동민 편저

서음미디어

머리말

심령현상의 연구를 계속해 온지 30여년, 필자가 모은 심령세계에 관한 자료는 3만건이 넘는다. 그 중에서 특히 흥미깊은 이야기들을 간추려 이 책으로 정리해 보았다.

'영혼'이란 과연 존재하는 것일까?

나는 이 근본적인 의문에 대한 해답을 이 책을 통해 계속 탐구했다. 먼저 '영(靈)'의 존재를 증명하는 물적 증거로서의 심령사진부터 시작했다. 많은 사진에 찍혀 있는 저 이상한 현상은 무엇일까? 현대과학으로서 설명할 수는 없더라도 어떤 기회에 체험하는 불가사의한 현상은 실재한다.

세계 각지에서 옛날부터 행해져 온 '주술(呪術)'의 마력, 지구 외의 천체로부터 날라 왔다고 밖에 생각할 수 없는 미확인 비행물체(UFO), 초능력이나 이차원(異次元) 미스테리 지역의 수수께끼, 사령, 악령에 사로잡힌 사람들의 괴상한 행동 등 지금까지 발표한 심령과학시리즈에 수록한 사실의 갖가지를 읽고 독자는 어떻게 생각하셨는지?

초상현상에 관한 수많은 보고는 압도적인 무게로서 '영'의 존재를 나타내고 있다고 생각된다. 그러나 과학적 반론도 이것에 배가하는 힘으로 존재하고 있는 것이다.

성급하게 결론을 내리는 것은 잘못의 원인이 되리라. 영혼이 있다고 단언할 수도 없다고 하는 것도 마찬가지로 잘못을 저지를 가능성이 있다.

필자가 시리즈를 통해 시도한 것은 현대과학의 입장에서 일방적으로 무시되고 있는 영현상(靈現象)들을 사람들의 진지한 논의의 마당에 등장시키는 일이었다.

몇년 전까지만 해도 전혀 낯선 분야였던 심령과학이 오늘날 많은 독자들의 관심을 끌게 되었는데, 그중에는 심령과학과 접하게 됨으로써 파경 직전에 이르렀던 가정이 원만하게 수습된 예도 많고, 난치병이나 불치병에 속하는 '빙의령'에 의한 원인불명의 병고(病苦)에 시달리다가 해방된 분들도 많다.

이 책에선 심령세계의 실상을 소개한 뒤 심령치료의 실제를 기술하려고 한다.

편저자

차 례

제 *1* 부
심령세계의 공포

불길속에서 승천한 견령

—여우같은 혹은 개처럼 되어 으르렁거리는 소년—

"이제 어떻게 하면 좋을지 몰랐어요. 차라리 죽어버릴까 하기까지 생각했을 정도입니다."

오오사카에 사는 하시모토 여인은 당시를 돌이키는 것조차 진저리가 난다는 표정이었다.

그녀의 저주스런 고뇌는 10년쯤 전부터 시작되었던 것이다. 그 저주스런 날이 있기 전까지 그의 가족도 행복한 나날이었다. 부부가 경영하는 회사도 궤도에 오르고 순조롭게 발전했다.

부부는 그와 같은 행복이 신령님의 도움이라 믿고 가족들 모두 신앙에 열성을 기울이고 있었다.

두사람의 노력과 신의 도움으로 쌓아 올려진 행복은 결코 무너지는 일이 없다고 모두들 믿어 의심치 않았다 해도 지나친 말은 아니었다. 하지만,

'다케시?'

어느 날 밤중, 하시모토 여인은 괴상한 소리에 잠을 깨어

침실의 문을 열고서 마루를 본 순간 자기의 눈을 의심했고 소스라치게 놀랐다.

장남 다케시(23세)가 괴상한 스타일로 마루를 엉금엉금 기어 다니고 있지 않은가. 그 모습은 너구리 같기도 하고, 여우 같기도 했고, 또 개 같기도 했던 것이다.

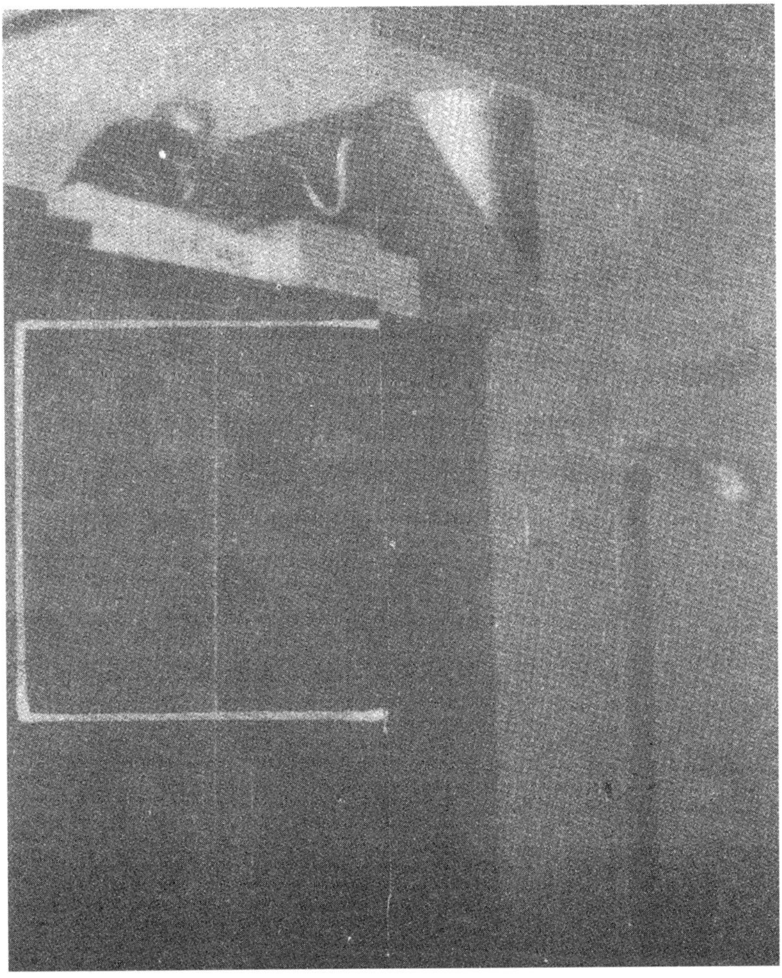

"무슨 일이니, 다케시?"

가까이 다가 간 하시모토 여인은 아들이 무슨 장난이라도 하는 줄로만 알고 꾸짖듯이 말하면서 어깨에 손을 대었다. 그러자 아들은 그 손을 뿌리치고 생기가 없는 눈빛으로, 그러면서 등골이 오싹해지는 괴상한 눈으로 어머니를 쏘아보았다.

"그 눈이 아주 무서웠어요."

그녀는 곧 남편을 깨우고 장남의 수상쩍은, 미쳐버린 것만 같은 행동을 알렸다.

다케시는 아버지에게 오싹 몸이 떨리는 차가운 시선을 보내며 복도를 엉금엉금 기면서 자기 방으로 들어가 버렸다.

"거짓말이다. 그런 일이!"

한잠도 자지 못한채 날을 꼬박 새우고만 부부는 자기들이 목격한 아들의 행동을 악몽으로 돌렸다. 그러나 아침에 아들에게 어젯밤에 있었던 일들을 말했다. 그러나 다케시는 그 말을 전적으로 부정했고 화마저 냈다.

"하지만 정말이란다."

하시모토 여인은 자기 자신도 간밤의 일이 거짓말이기를 간절히 바라면서도 역시 사실은 사실로써 인정하지 않을 수 없었다.

일가족 네명 중에서도 신앙심이 특히 강하고 남들로부터 모범 청소년으로써 평판이 좋은 다케시에게 어째서 그와 같은 괴상한 현상이 나타났을까? 누구라도 그것이 악몽이기를 바랐다. 그러나 그 다음 날 밤중에 다케시에게 전날 밤과 똑같은 현상이 나타났던 것이다.

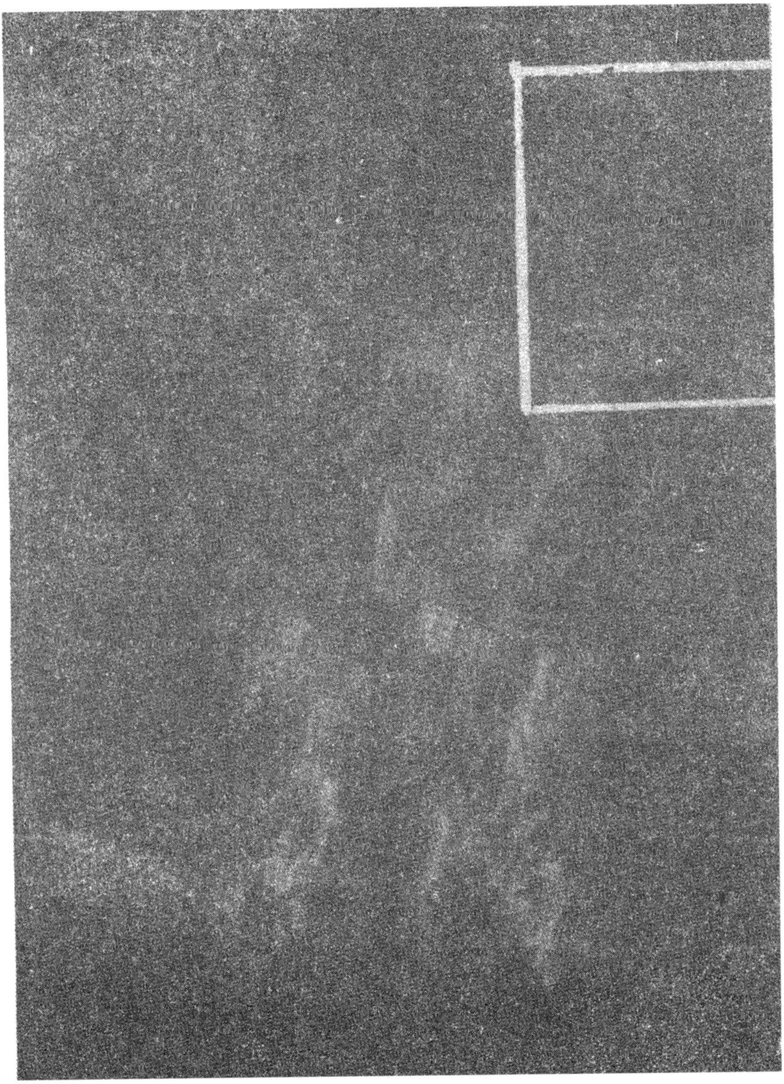

여우나 개와 같은 꼴이 되어 으르렁거리면서 엉금엉금 기는 아들의 모습에 부모들은 다만 입을 벌릴 뿐이었다.

그들의 발밑에서부터 행복의 토대가 와르르 무너지는 것

같았다. 이 가정에 순식간에 어두운 구름이 드리워졌다.

다케시군 자신이 자각 못하는 괴상한 현상은 매일 밤처럼 일어났고, 한달 두달 지나갔다. 부모들은 지금까지 보다 더한 정성으로 신에게 빌었고 어떻게든지 아들을 구하려고 했다. 그렇지만 아들의 짐승령 현상은 더욱 심해졌고, 마침내는 뱀과 같은 행동마저 하게 되었다.

더욱이 다케시군 자기 자신도 '빙의 현상'[영이 달라붙은 현상]을 자각하고, 그와 동시에 건강했던 몸이 차츰 약해졌으며, 창백한 얼굴에 머리가 늘 무겁고 띵했다. 정상적인 수면을 하지 못했기 때문에 당연한 결과였다. 이리하여 하시모토 가정에는 고뇌의 나날이 시작되었다. 집안은 무거운 공기로 휩싸였다.

"다케시, 제발 대답이라도 해다오."

누가 말을 걸어도 다케시는 대꾸를 하지 않게 되었고, 그때까지 곧잘 보이던 웃음도 얼굴에서 사라졌다. 다만 생기가 없는 멀뚱한 눈으로 가족을 바라볼 뿐이었다.

하시모토 여인은 절망의 심정을 떨쳐 가면서 아들을 구하고자 온갖 노력을 했다. 몇 사람의 영능력자와도 상담도 하고 짐승령의 제거를 부탁하기도 했다. 하지만 아들의 증세는 날이 갈수록 좋아지기는 커녕 더욱 더 악화되었고, 가정은 절망의 구렁텅이로 빠져만 갔다.

'으응, 으응…'

무서운 짐승령의 탈은 아들에게만 국한되지 않았다. 하시모토 여인이나 남편도 자고 있을 때 무서운 악몽에 시달려야만 했다.

침실에서 자고 있으면 가위에 눌리든가, 잠옷이 흠뻑 젖을 만큼 식은 땀이 나든가 냉장고에 갇힌 듯한 한기를 느끼는 일이 자주 있었다.

'이대로 나가면…'

손에 일이 잡히지 않는 하시모토 여인은 아들을 짐승령으로부터 구하기 위해 여기 저기 찾아 다녔다.

사업상 지장이 있어 아들에 대해서 친척이나 타인에게도 섣불리 의논할 수가 없었다. 고뇌에 넘친 날이 어느덧 10년 남짓 지나고 말았다.

"어떻게든지 아들을 구해 주세요."

모 텔레비전 방송국 프로듀서의 소개로 만난 영능력자 노노미네 슌씨에게 하시모토 여인은 마지막 승부를 걸었다. 만일 그것으로서도 안된다면 단념하고 마지막 결단을 내릴 생각이었다. 이미 그럴 수밖에 방법이 없다고 생각되었기 때문이었다.

하시모토 여인은 그때까지의 일을 고스란히 털어놓았다.

"어떻게 될지는 모르지만 해봅시다."

노노미네 슌씨는 먼저 다케시군을 만나는 일부터 시작했다. 다케시는 찾아온 노노미네 슌씨를 물끄러미 쳐다보았다. 악령이 붙어있는 인간이 나타내는 독특한 태도였다.

"무엇이 보여?"

"응, 황금색 물체가 보인다. 몇 사람이나 있다."

하시모토 여인은 옆에서 듣고 있었지만 도무지 영문도 모

를 말을 주고 받고 있었다.

"어떨까요, 고칠 수 있을까요?"

그녀는 헤어질 때 노노미네씨에게 불안한 듯이 물어보았다.

"아마 고칠 수 있겠지요. 견령(犬靈)입니다."

노노미네씨는 다케시군에게 개의 영이 붙어 있다고 설명했다. 그 개는 신의 심부름꾼인 화신견(火身犬)으로서 3대조가 불에 태워 죽였는데 그것이 원한이 되어 나타났다고 말했다.

'앗!'

며칠 뒤 하시모토 여인은 양복장을 무심코 열어 보다가 비명을 질렀다. 비명 소리에 남편도 뛰어 왔다. 20여년 전에 산 양복장 문 안쪽에 개의 얼굴이 분명히 나타나 있는게 아닌가.

"아니 이럴 수가…"

노노미네씨가 다케시군을 만났을 때부터 견령은 끝내기를 시작하고 있었던 것이다. 그것이 양복장의 문짝에 뚜렷이 나타났다고 한다.

끝내기를 하는 과정이 사진으로 촬영되었는데 그 변화가 뚜렷이 찍혔다.

이 무렵부터 다케시군의 태도가 눈에 띄게 달라졌다. 말을 하게 되었고, 웃는 얼굴도 보였다. 잿빛의 멍청한 눈에 생기가 되살아났다.

개에게 들려주는 공양으로써 절에서 양복장이 불태워졌다. 그 불길 속에서 견령이 하늘로 올라가는 모습이 사진으로 촬영되었고, 육안으로도 보였다.

"무언가 몸이 거뜬해진 느낌이다."

양복장의 공양이 끝난 뒤 다케시는 견령의 탈로부터 구원되고, 10년만에 밝은 어조로 말했다.

1980년 4월 25일의 일이었다.

다케시군은 현재 원기왕성하고 명랑한 청년으로 사회에서 활동 중이다.

"짐승령의 탈이 무섭다는 것을 알았습니다. 이것은 체험하지 않으면 모를 일이지요."

하시모토 여인도 10년의 고뇌로부터 해방되어 밝게 말했다.

불을 뿜는 가면

—사우나실 벽을 뚫고 가면이 날아와 몸에 부딪치고—

"이 가면을 사갖고 돌아갑시다."

하마마쓰시에 사는 세도 구니꼬(29세)양은 남편과 함께 네팔로 관광 여행을 갔을 때, 수도인 카트만두에서 '마귀예방'의 가면으로 팔리고 있는 네팔의 독특한 가면을 샀다.

구니꼬는 3면의 응접실 안에서 주로 가족들과 가까운 손님이 드나드는 응접실 벽에 가면을 걸어 두었다. 가면 그 자체가 크다는 것과, 색다른 모습에 모두들 무서워했는데, 구니꼬양만은 아주 마음에 들어 곧잘 혼자서 그 가면을 멍하니 바라보는 일이 자주 있었다.

'으악!'

2월 하순의 어느 날 밤, 응접실에 들어간 가정부가 놀라 비명을 질렀다. 그녀는 가면의 눈이 번쩍 번쩍 번뜩이는 것을 본 것이었다.

가면은 눈이 반짝였을 뿐만 아니라 입에서 불같은 것도 내뿜었다고 했다.

"설마…잘못 보았겠지요."

구니꼬는 가정부의 말이 믿어지지 않았다. 하지만 구니꼬 자신도 그것을 무조건 부정할 수 없는 두가지 체험이 있었던 것이다. 그러나 구니꼬는 그것이 단순한 우연에 지나지 않는 다고 생각했었다.

가면을 사오고 난 뒤로부터 그때까지 전혀 아무렇지도 않던 눈이 때때로 심하게 아팠던 것이다. 더욱이 눈이 아프기 전에 반드시 가면이 머릿속에 떠오르고 그 눈이 번뜩였다.

또 한가지는 가면을 구입한 후 생리가 불순해져 한달 중에 반은 약간의 엷은 출혈이 있었다. 그러나 구니꼬는 그것이 그녀 자신의 육체 변조에서 오는 것이고, 가면과는 아무런 관계가 없다고 믿었다. 하물며 가면의 탈 같은 것은 전혀 생각지도 못했다. 며칠이 지난 뒤,

'에그머니!'

또 다른 가정부에게도 까무러칠 것만 같은 일이 일어났다. 응접실에 들어 간 그 가정부는 벽에 걸려 있는 가면의 눈이 요사스럽게 번뜩임과 동시에 두 조각으로 빠개지는 것을 보았다.

"갈라져 있거나 하지 않아요."

구니꼬는 흥분을 가라앉힌 가정부에게 가면을 보였다. 확실히 가면에는 금 하나 나 있지 않았다. 가정부는 여우에 홀린 것처럼 눈을 꿈벅였다. 그리고 10일간 아무 일도 없이 지냈다. 그런데 3월 19일 밤, 다시금 무서운 사건이 발생했다.

구니꼬는 남편과 함께 자택에 있는 사우나에 들어가 있었다.

'앗!'

부부는 동시에 비명을 질렀다. 놀랍게도 사우나 실의 벽을 뚫듯이 가면이 날아와서 구니꼬를 때렸던 것이다.

가면은 구니꼬의 몸에 부딪쳐 땅에 떨어졌고, 금이 갔다. 남편은 기절하고 있는 아내를 침실로 옮긴 후 의사를 불렀다. 그리고 무심코 그가 응접실을 보았을 때,

'앗!'

가면이 벽에 그대로 걸려 있는게 아닌가. 잘못 보았는가. 눈을 비비면서 사우나실을 들여다 보았으나 그곳에 가면은 없었다. 그래서 다시 응접실로 돌아와 가면을 보았더니 가면엔 금이 가 있는 것이었다.

'이상하다'

구니꼬는 확인할 겸 자세히 살피고자 가면을 벽에서 떼려고 했다. 그러나 가면은 전에 붙인 접착제로 단단히 붙어 있는 그대로였다.

구니꼬는 다행히도 큰 병이 되지 않고 회복되었다.

"이 가면에 귀신이 있다."

구니꼬는 10여명의 영능자에게 보였더니 모두 같은 의견이었고, 그 가운데 몇 사람은 빨리 처분하지 않는다면 사망자가 생길 염려가 있다고 말했다.

"차라리 네팔로 돌려보냅시다."

남편의 말에 구니꼬도 동의했다. 그리하여 네팔에 가는 사람에게 가면을 주어 그곳 라마사원에 희사하도록 했던 것이다.

가면이 없어진 날부터 구니꼬의 집에선 괴상한 일이 일어나지 않게 되었다.

"가면의 탈이 있다고는 듣고 있었지만, 설마 내가 그것을 체험할 줄은 몰랐지요."
라고 구니꼬가 말했다.

삽살개의 영이 악령을 퇴치

— 돌연 개의 습격을 받은 2인조 강도는 도망치기 시작했다 —

이 괴기사건은 지바껭 야찌요시에서 일어났다. 그곳에 사는 네즈 고이찌씨는 맞벌이를 하는 그들 부부와 고이찌 어머니 세 식구였다.

네즈씨 집엔 그가 고교 시절부터 기르고 있던 삽살개가 있었으나 반년 전에 필라리아병(상피병)에 걸려 죽고 말았다. 어머니 시게 노파는 자기 자식처럼 귀여워하고 있었으므로 몹시 슬퍼하고 위패를 만들어 매일 아침 향불을 살라가며 그 영의 명복을 빌고 있었다.

그것은 9월 12일의 일이었다. 아들 부부를 직장에 내보낸 시게 노파는 목욕탕에서 빨래를 하고 있었다.

"전보예요!"

남자의 목소리에 현관으로 나간 시게 노파는 느닷없이 덤벼든 2인조 강도에게 목에 나이프가 들이대지고, 두 팔을 묶인채 재갈까지 물렸다.

강도들은 시게 노파를 기둥에 묶고 나자 값나가는 물건을

찾기 위해 온 집안을 뒤졌다. 그들은 집에 있던 현금과 카메라, 보석류를 긁어 모았다.

시계 노파는 어떻게든지 도움을 청하려고 했지만 재갈이 단단하여 턱에 파고들어 아무 소리도 낼 수 없었다.

강도들은 집안을 홀딱 뒤집어 놓다시피 하고서 시계 노파를 발길로 걷어차더니 어떻게 처리할까 의논하기 시작했다. 얼굴을 보았으니까 죽여 버리자고도 했다. 그리하여 한 강도가 나이프를 뽑아들고 시계 노파 앞으로 다가 왔다.

시계 노파는 무서움에 벌벌 떨면서 정신없이 아들의 이름과 죽은 개의 이름을 불렀다. 물론 재갈이 물려 있었으므로 소리가 나지 않았다.

강도의 나이프가 노파의 가슴을 겨누고, 노파는 체념한 나머지 눈을 감고 염불을 외우기 시작했다. 바로 그때 돌연 뒤곁의 부엌문으로 몇 마리의 개들이 쏜살같이 뛰어 들어와서

두 강도에게 덤벼 들었다. 노파는 그저 놀라움에 눈을 크게 뜨고 쳐다볼 뿐이었다. 뛰어든 개들은 전혀 본 적도 없는 개들이었는데, 단지 한 마리만이 꽤 떨어져 있는 병원집 개라는 것을 알았다.

갑자기 개에게 습격을 받은 강도들은 놀라서 도망치기에 바빴고, 마침내 뺏은 물건을 버리고 팔다리에 상처만 입고서 허둥지둥 도망쳤다. 개들은 강도를 쫓고나자 곧 사라졌다.

개들의 요란한 짖음에 이웃 주민들이 달려 왔고, 노파는 구출되었으나, 노파로부터 이상한 개들의 이야기를 듣자 사람들은 더욱 놀랐다.

시게 노파는 곧 자기를 구해 준 개들이 어디서 왔는지 찾아 나섰지만, 병원 집 개말고는 찾을 수가 없었다.

우연히 개들이 들어왔는지, 아니면 죽은 애견이 노파를 구하기 위해 그 개들을 불렀는지 아무튼 이상한 노릇이었다.

삿갓산에 흰 무명옷의 여인이

— 달빛 속에서 사냥개가 2미터나 뛰어오르더니 비명이 —

야마구찌껭의 오오쓰 마을에서 멀지 않은 '삿갓산'에서 1978년에 일어난 사건이다.

그날 밤 마을에 사는 나가사와씨는 친구인 야마다와 더불어 삿갓산으로 토끼 사냥을 갔다. 달빛아래 2시간이나 걸어 겨우 목적지에 도착했다.

그곳에서 두 사람은 따로 따로 헤어지고 나가사와씨는 그 장소에서 길목을 지키고, 야마다는 사냥개를 데리고 토끼사냥을 위해 산속으로 들어갔다.

나가사와씨는 자리를 정하고 나자 담배를 꺼내어 한 개비 입에 물고 성냥을 켰다. 그런데 어쩐 일인지 성냥은 물을 끼얹어진 것처럼 잇따라 꺼지고 말았다.

그는 오기가 났다. 그러나 성냥은 마침내 하나도 불이 붙지 않고 담배갑은 비워지고 말았다.

나가사와씨는 왜 그런지 으스스해졌다. 마음 탓인지 달은 높이 떠 있었으나 주위의 어둠은 점점 짙어가는 것만 같았다.

순간 가슴이 답답해짐을 느꼈다. 아무튼 장소를 바꾸기로 하였다.

길목의 그물을 거두고자 일어섰을 때 그는 무언가 부드러운 것을 발길로 찼다. 야마다가 분명히 데리고 갔을 사냥개가 그의 바로 옆에 웅크리고 있었다. 뭔가 불길한 예감에 사로잡혀 문득 전방을 보았을 때, 그는 그만 자기의 눈을 의심했다. 5~6미터 앞에 밤눈에도 뚜렷이 23~4세로 보이는 젊은 여자가 서 있는게 아닌가. 흰 무명옷을 입고 왜나막신을 신고 있었다. 눈은 무엇을 보고 있는지 공허한 것이 크게 뜨여져 있었다.

이런 밤중에 이런 산속에서 그것도 여자가 단 혼자…나가사와씨는 왠지 기묘한 무서움에 사로잡혔고, 사부를 부추기려고 했다. 허나 사부는 겁을 잔뜩 먹고 그의 빌 사이에 고개를 처박았다.

그는 더욱 더 무서워졌다. 하지만 어쨌든 용기를 쥐어짜고 사부를 안아 올려 여자를 향해서 던지려고 했다. 그러자 그 순간 여자의 모습은 어둠에 빨려들듯 휙 사라졌다.

나가사와씨는 어린애 같은 비명을 질러가며 자기도 모르게 뛰기 시작했다. 그렇게라도 하지 않는다면 미칠 것만 같았던 것이다. 어쨌든 야마다를 찾아야 한다. 그렇게 생각하고서 마구 아무렇게나 뛰었다.

그리하여 간신히 그를 찾아내기는 했지만, 그 또한 어쩐 까닭인지 마치 얼빠진 것처럼 숲속에 멍하니 앉아 있는게 아닌가.

나가사와씨가 어처구니 없어 하며 야마다의 어깨를 잡고 흔들자 겨우 잠에서 깨는 것처럼,

"여기까지 오자 별안간 잠이 와서. 그래서 담배를 피우려 했지만 성냥불이 켜지지 않아…"

납득이 되지 않는다는 투로 말했다. 그 말을 듣자 나가사와씨는 곧 야마다의 손을 잡아끌고 서둘러 마을로 내려 왔다.

그럼에도 불구하고 사냥을 좋아하는 두 사람은 다음날 밤에도 삿갓산으로 갔다. 물론 오늘은 다른 장소였다. 그래도 어딘지 불안한 느낌은 있었다. 사부만은 벌써 간밤의 일 따위는 잊었는지 쏜살같이 앞장을 서서 달려 갔다.

얼마쯤 달려갔을 때 끙끙 냄새를 맡아가며 앞쪽을 가고 있던 사부가 돌연 달빛 속에서 2미터는 뛰어올랐다 싶더니 자지러지는 비명소리를 냈다.

달려가 보았더니 사부는 새빨간 피 웅덩이 속에서 이미 죽어 있었다. 왼쪽 귀로부터 오른쪽 어깨에 걸쳐 무언가 엄청난 힘으로 잡아 찢기고 있는 것이었다.

두 사람은 그 자리에 얼어붙고 말았다. 사부를 가엾다고 생각하는 심정보다도 무서움 쪽이 앞서 이미 한 발짝도 움직일 수 없게 되고 말았던 것이다.

그 다음 날의 밤중에도 무서운 일이 생겼다. 나가사와씨는 꿈결에 자기의 이름을 부르는 소리를 들었다. 섬칫하여 잠이 깨자 머리맡에서 예의 흰 무명옷의 여자가 손짓해 부르고 있지 않은가. 그 창백한 얼굴에 죽은 사람의 몸에 나타나는 푸른 멍이 떠올라 있었다.

'또 나타났다!'

그렇게 생각하고 그는 정신없이 벌떡 일어나 전기불을 켰다. 그와 동시에 여자의 모습도 사라졌다.

3일이나 계속된 이 무서운 사건으로 그는 완전히 노이로제 비슷하게 되고 말았다. 나중에 알게 되었지만 이 여자는 나가사와씨의 어렸을 적 소꼽친구로서 시집을 갔는데 너무도 심한 가난으로 4년 전에 죽었다고 한다.

그녀는 사후 시집의 경제 상태가 넉넉치 못하므로 그것을 원망하고 유령이 되어 나타났던 모양이다.

영전(靈前)에서 성대한 제를 올려 주자 그 뒤부터 나타나지 않게 되었다고 한다.

백골 시체에 구원된 사내

— 두 사람이 서있던 길이 커다란 입을 벌리면서 무너지고 —

홋카이도의 '대설산'은 격렬한 비바람에 휩싸이고 있었다. 그런 가운데 필사적으로 하산하는 두 청년이 있었다. 그 두 사람은 삿포로시에 사는 모리 하사오(24세)와 야스이 이찌로(24세)였다.

두 사람은 대학시절부터 등산부에 들었고, 둘이서 곧잘 한 쌍이 되어 여기 저기 산을 오르곤 했다. 두 사람은 경험도 풍부하여 베테랑급에 속했다.

대설산(해발 2290m)은 두 사람에게 있어 내집 뜰과도 다름없었지만 결코 깔보고 있었던 것은 아니었다. 참으로 운이 나빴다고 밖에 할 수 없었다.

갑자기 뒤를 따르고 있던 모리의 발밑이 무너지고 앗! 하는 사이에 언덕 아래로 전락했던 것이다.

야스이도 순식간에 언덕 아래로 미끄러져 내려 갔다. 모리는 머리가 깨졌을 뿐 아니라 두 발이 골절되고 피투성이가 되어 있었다. 야스이는 이같은 경우의 응급조치로서 모리의 검은 룩삭을 베개삼아 반듯하게 눕히고 자기의 점퍼를 덮어 주었으며, 즉시 구조대를 부르러 뛰어 갔다. 그리하여 1시간 뒤 산 오두막의 관리인을 데리고 돌아왔을 때 모리의 모습은 사라지고 없었다.

두 사람은 비바람 속을 어두워질 때까지 찾았지만 끝내 발견하지 못했다. 모리의 수색은 날씨가 회복되고서도 1주일쯤 계속되었다. 모리가 소지하고 있던 등산 장비의 조각마저도 발견되지 않았다.

이듬해인 1977년 7월 18일은 모리의 1주기였다. 모리의 아버지와 야스이는 이날을 택해 그의 명복을 빌기 위해서 대설산에 올랐다. 그 날은 오전 중 좋은 날씨였는데, 모리가 조난당한 산꼭대기 부근에 가까워짐에 따라 찬바람이 불기 시작하고 하늘은 잔뜩 흐렸다.

야스이는 경험자로서 위험하니 그만 하산하자고 했지만 모리의 아버지는 하다못해 아들이 죽은 장소에라도 가보고 싶다며 간청했다.

차츰 구름은 낮아졌고 아니나 다를까 심한 비바람이 돌연 몰아닥쳤다. 이 이상 어물거린다면 위험하다고 생각한 야스이를 앞서 가는 모리의 아버지에게 말했다.

"돌아가시지요."

그때였다. 비바람 속에 흰 사람 그림자 같은 것이 떠오르고 두 사람을 손짓하는게 아닌가.

"모리냐?"

야스이는 반사적으로 친구의 이름을 불렀다. 하지만 그럴 리가 없다. 그렇게 생각하면서도 모리의 아버지를 재촉하며 사람 그림자 쪽으로 두 세걸음 나아간 순간 둔중한 땅울림을

느끼고 뒤돌아 보았더니 조금 전까지 두 사람이 서있던 길이 커다란 입을 벌리면서 무너져 가고 있지 않는가. 그곳을 떠나는 것이 1초만 더 늦었다면 그들도 모리와 마찬가지로 언덕 아래로 전락했을게 분명했다.

"저 사람 그림자가 불러준 덕분이군요."

두 사람이 안도의 한숨을 내쉬면서 그림자 쪽을 보았을 때 이상하게도 그림자는 사라지고 없었다. 그리고 얼마 뒤 두 사람은 방금 전에 무너진 언덕 아래의 흙속에서 백골화된 시체를 발견했다.

백골은 낯이 익은 검은 륙삭을 머리에 베고 있었다. 틀림없이 1년 전에 조난당한 모리의 변하고만 모습이었다.

이 이상한 사건에 대해 심령과학 연구가들은 이렇게 설명하고 있다.

"산사태로 생매장된 모리의 영혼이 자기의 시체를 발견케 하기 위해 작용을 미친 것이리라. 아버지의 위험을 한순간 빠르게 구한 것도 그의 영이었을지 모른다."

이와 같은 예는 고금동서에 수없이 기록되고 있다. 특히 산에 관한 이와 같은 사건에선 영이 조난자를 구하든가 혹은 조난 직전에 경고를 발했다는 이야기가 많다. 다만 늘 위험이 따르는 등산이라는 운동에는 다른 위험한 직업이나 활동에 따르기 마련인 '인연이야기'가 많은 것이 확실하다.

묘지 속에서 울려오는 웃음소리

— 오싹해지는 웃음소리는 처음엔 작고, 점차 커지면서 —

그날 밤의 무서웠던 일은 지금껏 아무리 잊으려 해도 잊을 수가 없다.

3년 전의 일이지만 그것은 분명히 내가 초등학교 3학년이고, 누나가 중학교 2년생인 때였다. 마침 장마철로서 비가 끈질기게도 이어 내리는 무더운 날, 질병으로 별세한 할아버지의 추도식 날이었다.

저녁 때부터 어머니와 아버지는 절에 갔고, 집에 있던 사람은 누나와 나, 그리고 조카들 세명 뿐이었다.

우리 집은 산자락에 외딴집으로서 너무나도 조용한 것이 쓸쓸했고, 근처에는 묘지도 있었다.

9시가 지나서 겨우 비는 그쳤건만 부모님들은 도무지 돌아오지를 않았고, 우리들은 쓸쓸함을 쫓기 위해 텔레비전의 볼륨을 한껏 올리고 있었다.

"어머닌 왜 여태 오시지 않는걸까?"

나는 누나와 문 앞 길까지 마중 나가기로 했다. 나는 어렸지만 유령이니 도깨비니 하는 것의 존재를 믿지 않아 밤의 어둠 따위를 그리 무섭다고도 생각지 않았다.

건너편 쪽 어두운 길을 내다보고 있을 때였다. 별안간 그 목소리가 들렸던 것이다. 지금 생각해도 아직껏 등골이 오싹해지는 그 목소리가….

처음에 나는 뭐가 뭔지 영문을 몰라 '저게 뭐지?'하고 누나에게 물어 보았다.

으스스해지는 웃음소리였다. 히히히히… 하고 웃는 그 목소리는 처음엔 작았고, 점차 크게 들렸다. 사람의 목소리는 분명 아니었다. 물론 새들의 울음소리를 잘못 들은 것도 아니었다.

그렇다면 그 웃음소리는 어디서 들려오는 것일까? 나는 열심히 어디서 웃고 있는지 보려고 했다. 하지만 차츰 그 목소리는 또렷해져 마침내 집 옆의 대나무 숲 묘지로부터 들려오는 것임을 알았을 때는 이미 누나도 나도 걸음아 날 살려라 하고 뛰기 시작했다.

'무서워!'

나와 누나는 집안으로 뛰어 들었고 한동안 숨만 헉헉할 뿐 말도 하지 못했다. 그 뒤 창문 너머로 묘지 쪽을 살펴보았지만 어두워 아무것도 보이지 않았다. 그래서 웃음소리의 정체는 끝내 알지를 못했다.

이윽고 아버지와 어머니도 돌아왔지만 우리들이 그 웃음에 대해서 얼마나 무서웠는가를 이야기해도 믿어주려 하지 않았다.

“아마 나무에 앉아 있는 새라도 울었겠지.”

또는,

“누군가 거기 사람이 있었고, 너희들을 놀라게 해주고자 웃었을 거다."
하고 말할 뿐이었다. 그러나 누가 뭐라든 우리들은 들었던 것이다. 묘지의 땅속에서 나는 듯한 무시 무시한 웃음소리를. 사람이 아무리 웃어도 그런 흉내는 절대로 낼 수 없을 것이다.

그날 밤이 할아버지의 추도식 날이 아니라면 그 웃음소리도 잊고 있었을지 모른다. 그러나 아직도 그것은 뚜렷하게 내 귀에 쟁쟁 울리고 있다.

낮에도 어둠침침한 그 묘지는 나의 친구들과 곧잘 술래잡기를 하던 곳이었지만, 그런 뒤로 부터 한번도 가까이 간 적이 없고 보기도 싫었다.

다시 한번 그 웃음소리가 들릴지도 모른다고 생각했지만 그후 나는 듣지 못했다. 그 웃음소리는 대체 무엇인지, 어째서 그런 비오는 날밤 그것도 추도식날 밤에 들렸던 것일까?

누나와 둘이서 때때로 생각해 보지만 지금껏 도대체 모르겠다. 목소리만으로 고작 목소리만으로서 그렇게도 겁내다니 할지도 모르지만…

그날 밤의 일을 어떻게 설명하면 좋을까?

절 본당에서 이상한 소리가

— 50개단의 돌계단을 구르듯이 달려 내려 왔지만 —

"저는 돗도리껭 쿠라이시의 오랜 절 출신입니다. 이 이야기는 제가 여학교 4학년이던 무렵에 실제로 겪은 실화입니다.

그날은 1976년 6월 17일이었습니다. 그 때도 '반상회'라는 게 있어서 어머니는 그 모임에 갔고, 주지스님인 아버지는 서예를 가르치러 외출했으며, 오빠와 나와 동생 셋이서 절을 지키고 있었습니다.

저녁 때부터 멀리서 송아지가 우는 듯한 소리가 들리는 거예요. 이웃은 농가 뿐이었지만 영락없는 소의 울음소리라고만 생각했지요.

그것은 밤 8시 반이 지나서였는데 갑자기 본당 쪽에서 지금도 그 때의 일을 생각하면 온몸에 소름이 끼치고 지옥 속에서 들려오는 것만 같은 뭐라 말할 수 없는 무서운 신음소리가 들렸던 거예요.

우리들은 순간 서로의 얼굴을 마주 보았지만, 오빠의 얼굴빛이란 이미 사색이었습니다. 그래도 오빠는 남자라서 대막

대를 갖고 뛰어나가 본당의 안이며 마루 밑을 조사했지만 역시 무서웠는지 나에게,

"빨리 어머니를 모셔와!"

하고 소리를 질렀지요.

나는 높은 나막신을 신고서 50계단쯤의 돌계단을 굴러 떨어지듯이 뛰어 내려갔지만 주위는 캄캄하고 다리가 후들 후들 떨렸던 것을 지금도 기억하고 있습니다.

아버지나 어머니가 돌아오시고, 갖가지로 조사했지만 결국 무엇이 어떻게 된 것인지 끝내 알지를 못했습니다.

절에서 태어나 자라난 나였지만, 절은 역시 기분이 으스스한 곳이지요. 정말이지 이상한 일이 일어난 거예요."

(경도 H)

영혼이 파아란 불덩어리가 되어

— 지붕 추녀로부터 파아란 불덩어리가 되어 하늘로 날아갔는데 —

내가 아는 분 중에 처녀 시절 모녀 둘이서 산 집이 있었다. 병석의 어머니가 임종하려 할때 이렇게 말했다.

"이층의 덧문을 조금 열어두고 오렴."

아무튼 크고 넓은 집이라서 무서웠기 때문에 부엌에 가서 다른 일을 한 뒤 와서 대답했다.

"어머니, 열어 두었어요."

얼마쯤 있다가 어머니가 또 말했다.

"지금 가 보았더니 열려 있지 않았다. 귀찮겠지만 다시 한 번 가서 열어다오."

딸은 등으로부터 찬물을 뒤집어 씌워진 것처럼 오싹해졌고, 이층에 올라가 덧문을 열고 내려 왔다. 그러자 어머니는 괴롭게 숨을 크게 몰아쉬면서 희미하게 말했다.

"이번엔 열려 있었다. 고맙다."

그리고 곧이어 숨을 거두고 말았다.

이튿날 이웃집 사람이 귀띔을 해주었다.

"어젯밤 댁의 지붕 추녀 언저리로부터 파아란 불덩어리가 쓱 나타나 하늘로 날아갔어요."

30년 전 일이지만 생각날 적마다 오싹해진다고 그녀는 술회했다.

(나고야 K)

죽은 아주머니를 만난 신문배달 소년

— 나는 이미 목소리를 낼 수도 없었고, 정신없이 뛰기 시작했는데 —

그것은 바로 지난 해 겨울의 밤이었다. 나는 그때 아르바이트로 신문배달을 하고 있었다.

매년 섣달 그믐날 밤에 초하룻날의 신문을 배달하기로 되어 있었다. 배달하는 시각은 밤 11시부터였다.

아무튼 하나의 신문이 40쪽이나 되어 두텁고 내가 배달하는 곳은 120세대나 되었다. 그래서 나는 형의 도움을 받아 배달하고 있었다.

한 집 한 집 배달하고 마지막 집에 이르렀다. 그 마지막 집은 묘지 안에 있었다. 그 묘지는 나의 친척 아주머니가 잠들어 있는 곳으로서 주위의 우거진 풀이 묘석[일본은 거의 화장을 하고, 유골 항아리 등을 석조물인 묘석 아래의 지하실 같은 곳에 가족이 함께 들어간다]에 얽혀 있는 데다가 바람이 잘 통하는 곳이었다. 그 마지막 집까지의 거리가 50미터쯤 되고, 시간은 왕복 5분이 걸린다.

나는 서둘러 그곳까지 뛰어가서 신문을 우편함에 넣고 뒤

돌아섰다. 나는 이걸로써 간신히 배달을 마쳤다고 한숨을 돌리고서 형이 기다리고 있는 장소로 돌아가려 했다.

바로 옆의 커다란 대리석으로 만든 어떤 묘석 아래서 무언가 반짝이는게 있어 무엇일까 생각하며 그 묘석에 가려 했을 때 갑자기 오한이 났다.

가까스로 그 묘석 가까이 갔을 때 별안간 눈 앞이 희끄무레하게 밝아졌고, 파아란 불빛 같은 것이 지나갔으므로 나는 소르라치게 놀랐다.

더욱 놀란 것은 그 반짝이는 것이 사라진 뒤였다. 여름옷의 실내복을 입은 여자가 내 앞에 서 있는 것이었다. 자세히 그 얼굴을 보았더니 글쎄 심장병으로 죽었던 친척집 아주머니가 아닌가.

나는 이미 말도 못하고 정신없이 그곳으로부터 도망을 쳤고, 형과 함께 서둘러 집으로 돌아갔다. 그리하여 그대로 이불 속에 들어가 덜덜 떨면서 아침까지 잠을 자지 못했다.

나는 이 일을 누구한테도 말하지 않고 비밀로 해두었다. 금년이 되기까지 누구에게도 말을 하지 않고 보내 왔지만 '이상한 체험기' 모집의 광고가 눈에 띄었다. 그래서 나는 용기를 내어 쓰기로 했던 것이다.

역시 과학이 진보된 지금의 시대라도 아직도 모르는 일이 많구나 하고 곰곰이 생각했다.

(오오사까 E)

일류호텔 옆방의 괴상한 일

— 새까만 옷을 입은 예쁜 여자가 나타나 목이 죄어졌는데 —

10년 전 도쿄의 일류 호텔에서 숙박했을 때의 일입니다. 친구와 함께 호텔에 들었습니다.

때마침 공교롭게도 만원이라서 여자끼리 트윈[1인용의 침상을 두 개 넣은 객실]의 방을 얻었는데, 옆방과의 도어가 있는 것이지요. 스위트 룸이로구나 생각했습니다. 잘 잠겨 있나 확인해 볼셈으로 손잡이를 돌렸더니 쓱 열리고 그곳엔 하얀 베드가 있고, 사람이 자고 있는게 아니겠어요.

나는 소스라치게 놀라 얼른 문을 닫고, 보이를 불러 제대로 문을 잠그어 달라고 하자,

"손님, 그 문은 목욕실입니다."

고 하는 거예요. 그래서 전기를 켜고 열어보라고 했더니 정말이었습니다. 그래도 기분이 나빴지만 만원이라서 바꾸어 달라고 할 수도 없어 그대로 자게 되었습니다. 그런데 목욕실 쪽에 머리를 두고 잔 친구가 밤중에 신음소리를 내는 거예요. 가슴이라도 눌렸는가 싶어 흔들어 깨웠더니 이렇게 말하는

것이었습니다.

"아아, 무서웠어. 새까만 옷을 입은 예쁜 여자가 나타나 느닷없이 내 목을 누르는게 아니겠어. 네가 깨워주자 곧 사라졌지만…"

이래 저래 이상한 일만 일어나므로 프런트에 항의를 하고 따졌지요. 그랬더니 어물 어물 시인하는 것이었어요.

'손님, 이전에 외국인 손님이 심장마비를 일으켜 죽은 일은 있습니다만…'

결국 기분 나쁜 하룻밤을 잔 셈이었는데 나로선 그 뒤의 일이 지금 생각해도 더욱 꺼림칙한 거예요. 그것은 가슴을 눌렸던 그 친구가 그로부터 두달 있다가 갑자기 죽고 말았던 거지요. 의사는 급성 복막염이라고 진단을 내렸지만…

(홋가이도 S)

하바로프스크 수용소에서 본 인간의 혼

— 시체로부터 20센티 정도의 희끄무레한 것이 떠올랐는데 —

1945년 11월의 이야기입니다. 패전이 되자 만주와 북한에 있던 일본 군대와 젊은 남자들은 모두 시베리아로 끌려가 강제 노동을 하게 되었지요.

우리들은 하바로프스크 근처의 수용소에 있었는데 영양실조와 추위로 잇따라 죽어 갔다. 그러니까 낮에는 가혹한 작업과 돌덩어리처럼 단단한 흑빵을 일주일분만 지급될 뿐이었다. 그것을 베고 자다가 먹고, 배가 고파 미리 먹는 바람에 굶어죽는 것이었다. 환경에 적응을 하지 못해 처음 몇달 동안에 많은 사람이 죽었다.

이리하여 밤이면 30센티 폭에 한 사람, 즉 북어쾌처럼 거꾸로 엇갈려 가며 붙어 자지 않으면 잠도 제대로 잘 수 없었다. 그뒤 몇년이나 이런 생활이 계속되었지만, 이때는 포로니까 빨리 고향에 돌려보내 주겠지 하는 희망을 갖고 있었는데, 아침에 눈을 뜨고 보면 으례 몇명씩 죽어 있는 것이었다.

이미 영하 30도의 추위였고, 추위가 계속되므로 도저히 파묻어 줄 수도 없어 시체는 밖에 그대로 동태처럼 방치시켰다.

그날 밤 나는 소변을 보러 밖에 나갔고, 전우의 시체 바로 옆에서 오줌을 누었다. 그러면서 문득 보니까 시체로부터 지름 20센티 가량의 발광체가 풍선처럼 떠오르는 것이었다. 둘레가 푸르고 중심부가 붉그스름한 것으로 보아 어떻게 보면 아름답기도 했다.

'저것이 인간의 영혼이로구나!'

그러면서 나는 다른 전우들을 불렀다. 그러자 모두들 줄줄이 나와서 무슨 일인가 하며 눈을 비볐지만, 내가 발광체를 가르키자 놀라는 것이었다.

그 영혼은 사라지지도 않고 일정한 높이에서 흔들려 가며 마치 우리들 가엾은 인생을 동정하고 있는 것만 같았다.

"왜 저렇게 빙빙 돌고 있지?"

"고향에 돌아가려고 방향을 찾는 것인지도 모른다."

우리들은 그렇게 지껄이고 있었지만, 과연 얼마쯤 있다가 3미터쯤 떠올랐고, 정남 방향을 향해 빠른 속도로 날아갔다.

잘 개인 밤하늘이고, 공기마저 얼어붙은 하늘 아래서 인간 혼의 발광체가 아주 멀리까지 똑똑히 보였다. 그래서 너나 할 것 없이 언제까지나 빛을 전송했다.

"그 시체 말입니까? 효고껭 고오리까미 사람이죠. 함께 보고 있던 자도 전부 효고껭의 사람들이라서 그 지방에 같은 이야기가 전할지도 모릅니다."

(도쿄 Y)

어린 딸에게 미련을 남긴 모성

— 어느날 밤 조카와 이야기를 하고 있는데 갑자기 —

꽤 오래 전의 일인데, 이제 곧 시집갈 나이의 조카가 유치원에 다닐 때의 일이다. 나의 누님이 조카의 어머니인데 병원에 입원하고 있었다.

결국 지금 말로선 수혈에서 온 '혈청간염'이라 생각되지만 수술 직후는 경과가 좋아 안심했으나 그런 뒤 병세가 악화되어 사망하고 말았다. 그래서 아이들은 친정에 맡겼던 것이고, 우리들 외삼촌과 고모가 가끔 놀이동무가 되어 주었다.

어느 날 밤 그런 조카와 마주 앉아 이야기를 하고 있었는데 별안간,

"아, 어머니야!"

하고 외치면서 가려는 것이었다. 일어나자마자 분한 듯이 외쳤다.

"어머, 보이지 않게 되었어."

나도 조카를 따라가 옆방을 들여다 보았지만 물론 그곳에 누님이 있을리가 없었다.

"여기 와서 엄마가 앉아 있었어."

라고 조카가 말했다. 어쩐지 이상한 느낌이 들었다. 작은 어린애가 하는 말이라서 거짓말이라고 생각할 수도 없고, 순진하게 한창 깔깔거리고 있었기 때문에 환각을 보았다고 할 수도 없는 일이었다.

누님은 역시 막내딸인 그 조카가 걱정되었던 모양이다. 나중에 들었지만, 바로 그 무렵에 의식불명이 되면서 이윽고 임종을 맞았던 것이다.

영이니 혼백이니 부정하고 싶지만, 그때의 체험을 생각하면 역시 망서려지는 것이었다.

(오까야마 Y)

비오는 야영지에 나타난 여자 귀신

— 사람, 그것도 여자다! 그것도 흰소복을 입은 여자가 —

마침내 비가 쏟아지기 시작했다. 얼마 전까지 그리도 좋은 날씨였는데 이렇다면 모처럼 캠핑도 엉망이다. 캠프 파이어도 틀렸고, 재수없다니까.

모두들 원망스런 듯이 하늘을 올려다보면서 저마다 툴툴거리고 있었다. 할 수 없는 일이므로 밤에는 트럼프 카드놀이를 하며 시간을 보냈다.

비는 도무지 그칠 낌새도 없었다. 여름밤은 고원(高原)이건만 이상하게도 후덥지근했다.

나는 일찌감치 카드놀이를 집어 치우고 재빨리 자리에 들었다. 이런 밤은 빨리 자는게 좋을 것 같은 생각이 들었기 때문이다. 천막을 때리는 빗소리를 들어가며 나는 어느덧 잠에 떨어졌다. 친구들은 아직도 카드놀이를 하는 모양이었다.

몇 시쯤이었을까? 나는 오줌이 마려워서 잠이 깼다. 옆에서 자고 있는 친구를 깨우지 않도록 조심스럽게 밖으로 나갔다. 비는 여전히 내리고 있었다.

근처의 나무 옆에 소변을 보면서 문득 산 윗쪽을 바라보았다. 그러자 산 중턱 언저리에 무언가 흰것이 흔들리고 있었다.

무엇일까? 잠이 덜깬 것일까? 눈을 비비고 지그시 시선의 집중에 따라 흰 물체의 윤곽이 차츰 뚜렷해졌다.

사람, 사람이다. 그것도 여자였다. 흰 소복을 입은 여자였다. 이런 밤중에 대체 어찌된 일일까? 웬지 으스스한 느낌도 있었지만 호기심도 있어 나는 그 여자의 모습을 지켜보았다.

여자는 점점 이리로 오고 있는 것 같았다. 그리하여 그 주위에도 예사롭지 않은 모습이 뚜렷하게 식별할 수 있게 되었을 때, 나는 놀라움과 공포로 일순 온몸이 얼어붙는 것만 같은 느낌이 들었다.

여자는 비로 흠뻑 젖어 있었다. 머리를 풀어 헤치고 있었다. 얼굴은 핏기를 잃어 송장같은 입과 코에서 피가 흐르고 있는 게 아닌가.

공허한 눈을 허공에 보내면서 두 팔을 내밀고 무언가 끌어안듯이 다가오는 것이었다. 입술도 무엇인지 말하려고 떨고 있으며, 바짝 바짝 다가왔다.

'그만 둬, 그만 둬, 가까이 오지마!'

여자의 피냄새가 코를 찌를 만큼 다가 왔다. 빨리 뛰는 심장 소리에 나는 어찔 어찔 현기증마저 느꼈다. 여자의 손이 쓱 뻗쳐져 나의 볼에 닿는 순간 섬뜩한 감촉과 함께 나는 정신이 번쩍 들었다.

목청껏 비명을 지르고 나는 천막 안으로 뛰어들어가 닥치는 대로 친구들을 깨웠다.

전원이 밖으로 나와서 보았을 때 종전의 여자 모습은 어디에도 없었다.

"너 꿈을 꾼게 아니야?"

모두들 나를 놀렸다. 그러나 이튿날 아침 그 부근에서 흰옷을 입은 젊은 여자의 시체가 발견되자, 순간 모두 얼굴이 파랗게 질렸다.

확실히 얼음짱과 같이 차가운 여자의 손끝이 나의 볼을 스쳤던 것이다. 이 이야기는 실화다.

(나고야 K)

텅빈 음악실에서 피아노 소리가

— 땅또르르… 마치 땅속에서 울려오듯이 구슬픈 소리가 —

선생님 집에 놀러 갔다 돌아오는 길, 밤 9시가 지나서였다. 학교 뒤쪽의 캄캄한 길을 나는 걷고 있었다.

내가 살고 있는 곳은 시골의 읍이었고, 이 근처는 집도 별로 없었다. 멀리 너덧 집 불켜진 인가가 보일 뿐으로서 그런 만큼 어둠 속에 검게 도사리고 있는 학교의 정적은 으스스했다.

숙직하는 선생님은 이미 잠들었는지, 어느 창문에도 불빛은 없었다. 다만 화장실의 전등만이 흐끄무레하게 번져 보였다.

갑자기 등골이 오싹해졌다. 한시라도 빨리 이런 장소로부터 빠져 나가야지 하며 발길을 재촉한 순간, 나는 기분 나쁜 기억을 되살렸다.

3년쯤 전 피아노를 아주 좋아하던 교장 선생님이 죽었다. 그로부터 숙직 선생님이 순찰을 하면 복도 모퉁이에 사람 그림자가 나타났다가는 쓱 사라진다는 소문이 학교 전체에 퍼

지고 있었다. 더욱이 지금 지나가려 하는 음악실 옆의 빈 방에는 죽은 교장 선생님이 쓰던 책상과 의자가 아직도 보관되어 있었다.

나는 온몸에 진땀이 흐르는 것을 느꼈다. 그때였다.

땅또르르 땅또르르….

캄캄한 음악실에서 피아노 소리가 들리고 있지 않은가. 또르르 또르르… 날카로운 소리이면서 나직하고 마치 땅속에서 어둠을 누비며 울려오는 듯 구슬픈 소리였다. 헛들은 것일까, 아니면 누군가 피아노 연습을 하고 있는 것일까? 아냐, 그럴 리가 없어. 불도 켜지 않고 이렇듯 밤도 깊었는데 누가 피아노 같은 것을 치겠는가?

그렇다면… 그렇다면 대체 누가…. 거기까지 생각했을 때 온몸의 피가 빨려 나간 것처럼 한기를 느꼈고, 몸이 굳어져 움직일 수가 없었다.

무릎이 떨리고 학교에서의 소문이 정말이다, 정말이다! 하며 바보처럼 속으로 뇌까렸다. 그러자 돌연 피아노 소리가 한층 높아지고 이윽고 나에게 들려주듯이 귓가에서 왕왕 울렸다.

'죽고만다!'

왜 그런 심정이 들었는지 모르나 나는 필사적으로 경직상태를 깨고나자 마구 달리기 시작했다. 무엇에 걸려 곤두박질을 쳤고, 얼굴이 새파랗게 질리는 것을 스스로도 알 수 있었다.

집에 와서 말해 보았지만 그 누구도 내 말을 믿어 주지 않았다. 그러나 나는 정말로 피아노 소리를 들었던 것이다.

(지바 H)

익사자의 영에 둘러싸이다

— 10미터 전방에 희끄무레한 것이 너울너울 강물에 떠서 —

겨울이 끝나고 봄이 기다려지는 무렵이었다. 근처를 흐르는 강가 대숲으로 나는 하급생들을 데리고 탐험을 나섰다.

대숲이라고는 하지만 아주 넓고 빽빽이 대나무가 우거져 한낮이라도 어둠침침한 곳이었다.

회중전등을 한 손에 들고서 숲속 깊이 들어갔더니 목이 없는 까마귀며 눈이 녹아 생긴 진창에 코를 박고 있는 고양이의 시체 따위와 만났다.

"언니, 기분 나빠. 그만 돌아가요."

하고 하급생이 말했다. 하지만 나는,

"겁장이네요."

하고 대꾸했을 뿐이었다. 사실은 나도 속으로 무서워졌으나 무서울 게 뭐야! 하며 반발을 느끼면서 숲속으로 들어갔다. 생각 탓인지 대숲 속은 차츰 어두워졌다. 마침내 회중전등 없이는 걸을 수가 없게 되었다.

주위는 괴괴하니 조용했고 다만 강물소리와 멀리서 급정거

하는 자동차의 '끽'하는 소리가 여자의 비명처럼 들려올 뿐이었다.

이번에야말로 나도 무서워졌다. 하급생은 얼굴이 파랗게 질려 내 옷을 꼭 잡고 있었다. 되돌아 가려고 발길을 돌렸을 때였다.

10미터 전방의 어둠이 별안간 희미하게 밝아졌다. 아니 밝아졌다 생각한 것은 심정상 그랬을 뿐, 무언가 희끄무레한 것이 너울 너울 허공에 떠 있었던 것이다. 그러자 오른쪽에 또 하나, 다시 왼쪽에 또 하나…몇 개인지도 모르게 우리들의 주위에 흰 물체가 나타났다가는 사라졌다.

그것이 무엇인지 확인할 여유 따위가 나에겐 없었다. 부끄러움도 체면도 없었다. 울음을 터뜨린 하급생들을 돌볼 생각마저 잊고 나는 넘어져 가며 뛰었다. 나중에 들은 이야기지만 그 근처의 강에서 꽤 많은 사람이 물에 빠져 죽었다고 했다.

(아오모리 M)

13세로 죽은 동급생 친구

— 이미 친구의 죽음을 가엾다고 생각할 여유는 없었다 —

3개월쯤 전 나의 친한 친구 H가 교통사고로 죽었다. 친했던 만큼 친구의 죽음은 나에게 있어 매우 충격적이었다.

이제부터의 인생이라 하는데, 겨우 13년 동안 밖에 살지를 않았는데, 만일에 내가 이런 나이로 죽어버린다면…싫다, 그런 것은 싫다. 친구의 죽음을 내 몸과 견주어 보다니…그럴만큼 동급생 여자 친구의 죽음이 가엾기만 했다.

그런 것만 생각하고 있는 탓이었을까. 나는 아주 무서운 일을 당했다. 그 무렵 나는 어쩐 셈인지 새벽 1시 30분이 되면 으레 잠이 깨는 버릇이 있었다.

1개월 전 역시 새벽 1시 30분경이었다. 문득 창문 유리에 시선을 보내자 한곳만 희끄무레하니 밝고 그 속에 여자 친구의 얼굴이 떠올라 보였다. 원망스런 표정으로 나를 보고 있었다.

친구의 얼굴을 보자 이미 친구의 죽음을 가엾다고 생각하는 여유마저 없어지고 말았다. 무서움만이 앞서고 이불을 뒤

집어 쓰며 나는 비명을 지르고 말았다.

이와같은 일이 3일간 계속되었다. 친구는 어째서 내 앞에만 나타나는 것일까. 내가 너무나도 친구를 생각했기 때문일까? 아무리 생각해 봐도 알 수 없었다.

(나고야　S)

해변의 민박집에서 여고생의 유령이

— 여고생 미하루의 유령이 욕조에 걸터앉아 있었다 —

"저, 산책가지 않겠어요?"

지바껭 도미우라(富浦)에서 합숙하고 있던 동경의 A여고생 요꼬는 저녁식사 후 자유시간이 되자 5명의 친구들과 함께 바닷가를 거닐었다.

1971년 8월 6일의 일이다. 저녁 해가 진 뒤의 바다는 매우 아름다웠다. 해상에서 차가운 바람이 불어오고 매우 기분이 상쾌했다.

"우리 저기까지 누가 먼저 가나 달리기하자."

누가 먼저라 할 것 없이 여학생들은 파도가 부서지는 물가를 뛰었다.

"아, 미하루가?"

함께 달리던 요꼬는 섬뜩해지며 순간 달리기를 멈추고 우뚝 그 자리에 섰다.

눈 앞의 바다에서 며칠 전 병으로 죽은 친구 미하루가 헤엄을 치고 있는 것이었다. 더욱이 요꼬를 보며 생긋 웃고 손까

지 흔들고 있었다.

"왜 그러니?"

다른 친구들도 달리기를 멈추고 물었다.

"주, 죽은 미하루가…"

"엉?"

요꼬는 자기도 모르게 중얼거린 말에 자기 자신이 무서워져 몸을 떨었다.

일행은 곧바로 숙소로 돌아왔다. 공포로 파랗게 질려 있는 학생들에게 인솔한 선생님이 물었다.

"무슨 소리들이냐, 유령이라니? 게다가 유령이 헤엄칠 까닭이 없지 않아?"

선생님은 단호히 그 일을 부정했다.

"그래, 유령이 헤엄치다니 우스운 일이야."

요꼬도 자기에게 들려주듯이 말했다. 그러나 아무리 해도 미하루의 수영하던 모습이 눈 속에서 쉽게 사라지지 않았다.

"목욕하지 않겠니?"

친구의 말에 요꼬도 욕실로 향했다. 그리고 문을 연 순간 앗! 하며 소스라치게 놀랐다. 깜짝 놀라는 친구들에게 요꼬는 탈의장의 옷 바구니를 가리켰다.

"저, 저것은 미하루의…"

그 옷은 요꼬의 아버지가 태국에서 사온 것으로 요꼬와 미하루가 한쌍이 되어 입고 있었던 것이다.

욕실 안을 들여다 본 학생들은 '에그머니!'하고 털썩 주저앉고 말았다. 김이 서린 욕실 안의 욕조에 알몸인 미하루의 유령이 걸터앉아 웃고 있는 것이었다.

친구들과 여름 방학에 이 합숙 여행에 오기를 손꼽아 기다리던 미하루가 병사하고 난 뒤에도, 그 소망을 풀기나 하듯이 사흘이나 계속 나타났고, 여학생들의 화제가 되었다.

(지바껭 Y)

공포의 폴터가이스트의 집

— 컵 하나가 스르르 움직이면서 무언가 불길한 생각이 —

'그런 일이 있을 리가 없다.'
라고 일부의 사람으로부터 터부시되면서 언제나 실재하고 있는게 '귀신나오는 집'이다.

어째서 '귀신집'이 차례로 나타날까? 이것은 영혼의 존재를 생각함에 아주 중요한 일이고, 이는 영혼의 존재가 해명되지 않는한 그 흑백은 가릴 수 없는 것이다. 왜냐하면 '귀신집'이야말로 지박령(地縛靈) 존재의 가장 좋은 존재가 될 수 있기 때문이다.

금년 7월에도 강렬한 현상이 잇따라 발생하는 '귀신집'이 발견되었다. 다만 이곳의 경우 보통의 귀신집과는 달리 폴터가이스트[집 내부에서 소동을 피우는 유령]의 집이라 해도 좋으리라.

나는 오오사까 마이니찌 TV의 취재를 겸해 현지 조사를 했다. 그 조사 보고를 읽기 전에 체험자인 와타나베 히로꼬(가명)로부터 보내온 편지를 읽어주길 바란다.

히로꼬씨는 장문의 편지 중에서 그 공포를 다음과 같이 썼다.

— 제가 현재 경영하는 스낵 가게는 작년 9월에 오픈했는데, 현재까지 이상한 일이 많이 발생하고 있습니다. 그 중의 주된 것만을 항목별로 쓰겠습니다.

① 사람이 없는데 가게 입구의 문이 쾅쾅 두들겨진다. 몇사람의 손님이 그것을 직접 들었다.

② 가게 안에 아무도 없는데 사람의 말소리가 들린다. 종업원 몇 사람이 직접 들었다.

③ 가게에선 사용하지 않는데 향불 냄새가 난다.

④ 가게 입구의 유리창에 흰 사람 그림자 비슷한 것이 뚜렷하게 비친다.

⑤ 딸랑 딸랑하는 방울소리가 들린다. 손님 몇 사람이 들었고 종업원도 들었다.

⑥ 저벅 저벅 사람의 걷는 소리가 가게 안에서 난다. 가게 안의 천정에서도 그런 소리가 들린다.

⑦ 손님이나 종업원이 누군가에 의해 배후에서 등이 두들겨지거나 머리를 쓰다듬어지거나 한다. 물론 그러한 장난을 한 사람은 없다.

⑧ 아무도 들어가지 않은 가게 안 화장실 내에 검은 사람 그림자 같은 것이 있고, 도어의 유리에 뚜렷이 비친다.

⑨ 화장실 안에서 흰, 빨강, 노랑의 광체물이 창문을 지나 밖으로 나간다. 이 반짝이는 광체는 하룻밤 사이에 몇 번이고 목격된다.

⑩ 욕실의 문이나 가게의 문을 닫을 때 단단히 닫아 두어도 이튿날이면 열려 있다. 물론 누구도 손을 댄 사람은 없다.

⑪ 화장실의 문은 자동식도 아닌데 마치 스프링이라도 달린 것처럼 저절로 닫히든가 한다.

⑫ 어떤 손님 앞에 유리잔을 내놓으면 웬지 그 손님에 한해 글라스에 세로로 금이 간다.

⑬ 또 이 손님에 한해 브랜디병을 내놓으면 코르크 마개가 뽕하고 높이 튀어 오른다.

⑭ 이웃에 갓난애가 없건만 아기의 울음소리가 들린다. 두 명의 종업원이 동시에 들었다.

⑮ 가게가 끝난 후 귀가하는 차중에서 무서웠던 일을 이야기하자 한번은 라이트가 꺼졌고, 두번째는 포그라이트가 끊어졌고, 세번째는 파킹라이트가 끊어지고 말았다.

⑯ 가게의 베란다에서 3층 따위는 있지도 않은데 창문이 보이고, 창문 속에서 빛이 새어나오고 있다. 세 사람의 목격자가 있다.

⑰ 이 베란다를 확인하기 위해서 세 남자가 올라가 보았지만 물론 방도 없고, 주위에 반사될 만한 것이 아무것도 없었다.

⑱ 2층의 현재 쓰고 있지 않은 방에서 무지 무지한 빛이 튀어 나왔다. 세 남자가 기절할 뻔 했다.

⑲ 자동차 도어의 로크가 저절로 잠긴다. 차에 세 사람이 타면 도어가 닫히면서 잠겨지고, 또 한 사람 타야 할 사람이 밖에 남게 된다.

⑳ 귀가하여 한숨을 돌리면 이상한 소리가 나고, 방울소리가 들린다. 문을 노크하는 소리도 들린다. 닫은 문이 스르르 열리거나 화장실에 가려 하면 꺼둔 전등이 반짝 켜지든가 하며, 사람의 낌새를 강하게 느끼거나 발소리가 들리거나, 베드가 심하게 흔들리거나 한다.

아직도 쓸것은 많이 있지만 무서워서 쓸 수 없습니다. 매일 불안하며 살고 있는 것 같지 않습니다. 하루라도 빨리 조사해 주세요 —

"으음…?"

편지를 읽은 나도 TV방송국의 디렉터도 그만 한숨섞인 신음소리를 냈다. 이제까지 나는 수십번에 걸쳐 '귀신집'을 보아 왔지만, 그곳에서 일어나는 현상은 고작 한 두가지로서 와타나베 여인의 집처럼 많은 것은 아니었다.

"어쨌든 가보자."

나는 TV방송국의 취재반을 데리고 갔다.

그 집은 효고껭의 가코가와시 변두리에 있었다. 역 근처이고 스낵 뒤켠에는 공장 건물이 있고, 가까이 아파트나 단지도 있는 장소였다.

가게의 앞과 옆에는 아직도 논이 있었다. 밖에서 본 인상은 시골의 스낵 가게라는 표현이 알맞았다. 나는 와타나베 여인을 만나기 전에 이웃 사람들로 부터의 증언을 수집했다.

“글쎄요. 그 가게에 그런 괴상한 일이 있습니까?”

“몰랐어요. 그렇다면 도깨비 술집이 아니에요.”

“들었습니다. 나도 체험했지요. 의자에 앉아 술을 마시고 있는데 엉덩이를 무언가가 만졌지요. 아무도 옆에 없었는데 이상하지요.”

“그 가게는 용케도 계속되고 있어요. 그곳에서 가게를 열어 석달도 못 갔는데…”

“그 근방에선 무엇을 하든 망하지요. 번영하던 부동산 업자가 그 가게 옆으로 옮겼는데 채 석달도 되기 전에 도산하고 말았죠.”

나는 10여명의 사람을 찾아다니면서 물은 결과 이상과 같은 결론을 얻을 수가 있었다.

저녁 때부터 가게 안 조사를 시작했으며, 와타나베 여인에게 부탁하여 손님의 체험자를 불러달라고 했다. 아홉명이 와 주었다.

“정말이지 이상한 가게입니다. 하지만 조금도 무섭다는 느낌이 들지 않는 거예요.”

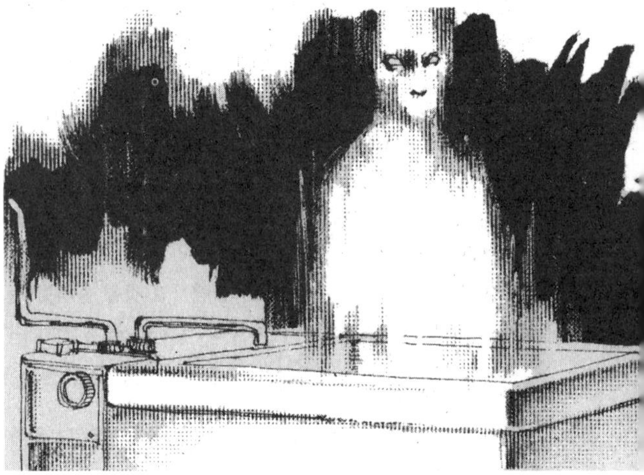

한 체험자는 이 술집에서 이상한 체험을 하는게 즐겁다는 표정이었다.

“여기서 아기의 울음소리가 났습니다.”

종업원으로 부터도 증언을 들었다. 아홉명의 손님과 세명의 종업원 증언으로서 와타나베 여인의 편지에 거짓이 없음이 확인되었다. 다만 두 세가지의 점에 관해서는 약간 정신적 암시로 그렇게 믿고 있는게 아닐까 싶은 점이 있을 뿐이었다.

오전 11시, 우리들은 증언자를 돌려보내고, 본격적인 조사를 시작했다.

“으악, 사람 살려!”

디렉터가 비명을 지르면서 화장실을 가리켰다. 거기에 검은 사람 그림자가 보였다는 것이다.

즉각 화장실의 문을 열었다. 하지만 거기, 사람의 모습은 물론 없었다. 새파래져 있는 디렉터는 분명히 사람의 그림자가

움직였다고 거듭 말했다.

TV방송국의 디렉터라는 사람은 심령적인 것을 좀처럼 믿지 않고, 어떠한 일에도 의심의 눈길을 보내는 자였지만, 그런 사람이 사람 그림자를 보았다고 주장하는 것이다. '영기(靈氣)를 느꼈는가?'

나는 동행한 영능자에게 화장실 안은 물론이고, 그 주위를 조사케 했다.

"영기는 느낄 수 없어요."

영능자는 그래서 사람 그림자가 보이는 것은 이상하다고까지 말했다.

"하지만 나는 분명히 보았어."

디렉터는 약간 화마저 냈다. 곧이어 천정 안을 조사해 보았는데 헛간으로 되어 있었다. 뭐라 말할 수 없는 으스스함이 감돌고 있었다.

"강한 영기를 느낍니다."

영능자는 고통스런 표정을 지어가며 방안을 보고 있었는데 돌연 무너지듯이 쓰러졌다.

"아, 춥다, 추워…"

영능자에 빙의한 영이 몸부림을 치면서 말했다.

"왜 춥지?"

나는 나타난 영과 대화를 시작했다.

"나를 물속에 밀어 넣고 죽였던 거다. 그러니까 몸이 차갑고 추운 것이다."

"왜 죽임을 당했지? 이름은?"

"춥다. 괴로워…"

영체는 같은 말을 되풀이 할뿐 나의 질문에는 아무것도 대답하지 않았다.

남자의 영은 몇분 뒤 영능자로부터 떠났다. 디렉터도 카메라 맨도 모두 아연실색하고 있었다.

'앗!'

화장실 뒤쪽에 있는 욕실을 들여다 보았을 때 영능자는 머리를 감쌌다.

"아까의 사내 영이 거기 보입니다."

영능자는 지금은 사용되지 않는 욕실의 목욕통을 가리키며 말했다.

"옛, 거기에 영이 있습니까?"

카메라 맨은 허둥지둥 카메라를 돌리기 시작했다. 카메라의 '지익'하는 셔터 소리만이 아주 크게 울렸다.

“에그머니!”

와타나베 여인의 비명이 들렸다.

우리들에게 내준 아이스커피의 컵 하나가 스르르 움직였던 것이다. 일순 무언가에 끌어 당겨진 것처럼 약 1미터나 움직였다.

컵 속에는 커피가 그대로 들어 있고, 얼음도 몇 개 떠 있었다.

“누가 마셔 보지 않겠어?”

나는 디펙터 등 일행에게 그 커피를 마셔보라고 권했지만 누구도 손을 대려고 하지 않았다.

“그렇다면…”

하고 나는 손에 컵을 가져갔다.

“안됩니다!”

영능자가 외치면서 컵을 든 손을 옆으로 쳤다.

‘쨍그렁! 하고 컵은 소리를 내며 콘크리트 바닥에 떨어졌다.

“그 컵에 영의 검은 그림자가 들어 있었지요. 만일 그것을 마셨다면 영에 사로잡히고 맙니다.

영능자가 컵을 후려친 이유를 말해 주었을 때였다.

“이것은?”

카메라 맨의 조수가 놀라 소리를 질렀다. 그리고 바닥에서 컵을 집어 들었다.

“……?”

우리들은 어처구니가 없어 말을 잃었다. 후리쳐 바닥에 떨어진 유리컵이 깨져 있지 않은 것이다.

높이 1미터의 카운터에서 떨어졌고, 후리쳐 떨어뜨려진 것이므로 깨어져야 당연한 것인데…

'어쩌면?'

나는 실험을 해 보았다. 새 컵에 물을 넣고, 커피를 담고, 술을 담고, 각각 카운터 위에서 손으로 후리쳐 바닥에 떨어뜨려 보았다. 어느 것이나 모두 깨졌다.

'그럼 왜 그 컵은?'

그것이 어째서 깨어지지 않았는가, 여러 가지로 이야기해 보았지만 무언가의 영적 활동이 없었다면 도저히 일어날 수 없는 것이라는 결론이 나왔다.

가게에서의 조사를 끝내고 와타나베 여인의 자택으로 가기로 했다. 새벽 1시가 지나고 있었다.

'아니?'

가장 먼저 밖으로 나가려던 카메라 맨이 놀랐다. 문이 열리지 않는 것이었다. 그 문은 열쇠를 사용하지 않고선 잠그어지지 않는 것이었다.

"난 잠그지도 않았고, 열쇠는 백 안에 넣어져 있지요."

와타나베 여인은 나의 시선을 느끼자 카운터 안에서 백을 꺼내고 그 속에서 열쇠를 꺼냈다.

나는 열쇠를 받자 문에 다가 갔고, 다시 한번 열려고 했다. 그러나 문은 꿈쩍도 하지 않았다.

"잠겨 있지는 않아."

디렉터는 열쇠 구멍을 들여다 보고 성냥개비를 집어넣어 잠그어져 있지 않음을 확인했다.

나는 와타나베 여인에게서 받은 키를 열쇠 구멍에 넣고 돌려 보았지만, 자물쇠는 잠겨 있지 않았다.

"이봐, 열어줘. 나갈 수 없잖아! 장난하지 말라구."

나는 모두들 깜짝 놀랄만큼 큰 목소리로 호령했다.

"열렸어요."

카메라 맨이 문을 잡아당기자 그때까지 열리지 않던 문이 스르르 열렸던 것이다.

"남자의 영이 문을 누르고 있는게 보였습니다."

영능자는 밖으로 나오자 가게를 향해 인[印 : 불교에서 나온 것으로 손가락의 모양으로 마귀를 굴복시키는 것]을 그으면서 나에게 말했다.

"이렇게 인을 그어 두면 영이 우리들을 따라 오지 못한다."

우리들은 와타나베 여인의 집으로 갔다. 그러나 그곳에선 아무런 일도 일어나지 않았다.

— 가게에는 지박령이 붙어 있어 폴터가이스트 현상을 일으키는 것이다. —

이것이 나의 조사 결과였다.

와타나베 여인은 가게에서 지박령을 제거해 달라고 했고, 공양을 했다. 그뒤 이제까지의 현상은 다시 나타나지 않는다고 했다.

제 2 부
유령은 존재한다

시트를 물들이는 검은피

— 밤 12시, 어디선지 여자의 괴로워하는 신음소리가 —

"그런 바보같은 일이 지금 세상에 있다니 말도 안돼."

아파트의 관리인은 대단한 기세로 자매에게 대들었다.

"하지만 아저씨 우린 정말로…"

"그만들 둬요. 당신네들은 아 아파트에 뭔가 불만이라도 있다는 거요?"

"그런건 절대 아니고요."

"알겠나? 하여튼 두 번 다시 그런 말하면 여길 나가 줬으면 좋겠구먼…"

관리인은 쾅! 큰소리를 내고 문을 닫더니 오가와 자매의 방에서 나갔다.

도쿄 다이도오구에 있는 B아파트에서 1978년에 있었던 일이다.

재해로 부모를 잃고, 오가와 히로꼬(15세)양은 언니 구니에양과 함께 도쿄에 나와서 이 아파트에 방 한 개를 빌려 사용하고 있었다.

"히로짱, 그래서 말했잖아. 유령이 나온다고 말하면 누구든지 좋아할 사람이 없다고…"

"하지만 난 정말로 들었단 말이야. 이상한 신음소리와 발소리를…"

"분명히 히로짱, 잠에 취해 있었어. 알았지, 다시는 그런 말 하면 안돼. 쫓겨나면 곤란하잖아…"

히로꼬는 요즈음 밤마다 고교 시험준비로 새벽 가까이까지 일어나 있었다. 헌데 어느 날 밤, 시계가 12시를 치고 한참 있자 어디선지 여자의 괴로워 하는듯한 신음소리가 들려 왔다.

처음에는 히로꼬은 언니가 가위에 눌린 것인가 하고 마음에도 두지 않았다. 다시 그녀가 화장실에 가려고 복도로 나서자 쾅! 쾅! 하고 발소리가 따라 오는 것이었다.

이런 일이 사흘밤이니 계속되었다. 히로꼬는 마침내 참을 수가 없어서 언니에게 말하고 관리인에게 부탁하여 조사를 부탁하려고 했으나 반대로 꾸중만 듣고 말았다.

그런 일이 있는지 사흘째 되던 날 밤—

'으, 으 윽'

문득 잠을 깬 언니 구니에의 귀에 깊숙이에서 쥐어짜내는 듯한 여자의 고통스러워 하는 신음소리가 들려 왔다.

'악!'

구니에는 놀라 그 자리를 걷어차고 일어나려고 했다. 헌데 어찌된 일인지 뭔가 무거운 것에 눌려 있어서 몸이 말을 듣지 않았다.

"히, 히로짱!"

언니는 필사적으로 히로꼬를 불렀다.

"왜그래…"

히로꼬가 졸리운 듯이 눈을 부비며 일어나 전기불을 켠 순간 언니를 짓누르고 있던 뭔가가 소리없이 사라졌다.

"히로짱, 여자의 신음소리를 들었어."

"뭐라고?"

두 자매는 조용해진 방안에서 가만히 귀를 기울였으나 그 소리는 다시는 들리지 않았다.

"히로짱! 같이 가 줘.

화장실에 가는 것도 무서워진 언니가 히로꼬를 데리고 복도로 나왔을 때였다.

'쿵 쿵 쿵!'

두 사람의 뒤에서 다른 발소리가 났다. 깜짝 놀라 뒤를 돌

아다보자 발걸음도 딱 멈췄다.

"언니!"

자매는 손을 맞잡자 단숨에 자기네 방으로 달려 왔다.

'으악'

먼저 방으로 뛰어 든 히로꼬는 입술을 떨며 그 자리에 우뚝 서고 말았다. 이게 웬일일까? 이불의 하얀 시트 위에 천정에서 검붉은 피가 한방울 두방울 떨어지는게 아닌가.

"아, 아저씨!"

자매는 관리인을 두들겨 깨워 방으로 데리고 왔다.

"앗, 이 이것은 …!"

관리인 조차도 흰 시트를 더럽히고 있는 검붉은 피를 보자마자 와들 와들 떨기 시작했다.

그 후에 조사한 바에 의하면 자매가 세들어 있는 방에서 4년 전에 한 젊은 여성이 자살했다는게 밝혀졌다.

택시의 승객

— 택시 뒷자석에 있어야 할 여인의 모습이 보이지 않았다 —

"손님이 있으면 좋을텐데…"

택시기사 기리야마 유우지씨는 운전일지를 쓰면서 중얼거렸다. 그의 차는 도쿄 번호이므로 이곳 요꼬하마에서는 공공연히 손님을 태울 수가 없었다. 손님 쪽에서 와주지 않으면 빈차로 도쿄까지 돌아가게 된다. 한국에서 지방 소속 차가 서울에 왔다가 영업을 하지 못하게 되어 있는 것과 같은 경우다.

최근 요꼬하마의 요시다교의 다리 옆에서의 일이다. 별 하나 없는 금방이라도 소낙비가 쏟아질 것 같은 구름이 잔뜩 낀 밤이었다.

"좋지 않은 밤인데…쏟아지기 전에 한탕 뛰어야 할텐데…"

무겁게 비구름이 드리운 하늘을 쳐다보면서 기리야마씨는 차에 기어를 넣었다. 바로 그때였다. 운전석 문 옆에 소리도 없이 다가 온 사람의 그림자가 있었다. 자세히 보니 창백한 얼굴의 젊은 여성이었다.

그 여성은 가냘픈 목소리로 말했다.

"어, 어데까지 가십니까?"

"저어, 도쿄의 단지까지…"

"좋습니다. 자 타시죠."

기리야마씨는 재수좋게 돌아갈 손님을 잡은 걸로 내심 만족해하며 친절히 문을 열었다.

젊은 여성은 말없이 뒷자리에 앉았다. 그 몸가짐이 웬지 기분 나쁘고 야릇한 분위기를 풍기고 있었다.

"손님, 제3 게이힝으로 가도 되겠습니까?"

물끄러미 창밖을 바라다 본채 말없이 앉아 있는 여성에게 기리야마씨는 큰소리로 말했다. 허나 여성은 말없이 고개만 끄덕일 따름이었고, 뒤이어 맥없이 머리를 숙였다.

'쳇, 이상한 걸 태웠지 않나… 으시시한게 좋지 않은데.'

기리야마씨는 마음 속으로 이렇게 중얼거리고 부르릉 차를 몰았다. 힘차게 차를 몰면 조금은 마음이 개운해지리라고 생각했었다. 그러나 나쁜 일은 겹치게 마련이다. 그러는 사이에 뚝 뚝 비가 떨어지기 시작했다.

"비가 쏟아지는군요."

기리야마씨는 다시 한번 손님인 여성에게 말을 걸어 보았다. 그러나 여성은 여전히 말없이 고개만 숙인채 얼굴을 들려고 하지 않았다.

'정말 이상한 손님이다. 이런 손님은 빨리 내려놓지 않으면…'

하고 기리야마씨는 점점 더 속력을 내려고 한 순간, 한 대의 차가 난폭하게 끼어들기를 했다.

기기끼익! 급브레이크를 건 순간 여성은 심한 충격으로 앞으로 쏠려 그 바람에 반지가 빠져 기리야마씨의 옆자리에 떨이지고 말았다.

"정, 정말 미안합니다. 괜찮으십니까?"

기리야마씨는 황급히 반지를 주워서 운전석 시트에 푹 엎어져 있는 여성에게 내밀었다. 그러자 여성은 으시시한 표정이 담긴 얼굴을 들며 반지를 받아 왼쪽 약지에 꼈다.

'약지라, 그렇다면 약혼반지인가?'

그렇게 혼자 힐끔 여성의 손을 보았는데 손목에 금방 생긴 상처가 있는 것을 알았다.

'이 여성은 뭔가 깊은 사연이 있어서 기운이 없는 거로구나'

그렇게 나름대로 생각하면서 다시 차를 몰았다. 한참 후 무심히 백밀러를 들여다보던 그는 기겁을 하고 놀랐다.

없다! 뒷자리에 앉아 있어야 할 여성이 백밀러에 비치지 않았다. 여성이 갖고 있는 하얀 핸드백만이 기분 나쁘게 흔들거리고 있을 뿐이었다.

그는 황급히 뒤를 돌아다 보고 다시금 비명을 질렀다.

'으악!'

있다, 있다! 거울에 비치지 않았던 여성이 멀쩡히 있는 것이었다. 그는 떨리는 손발로 정신없이 차를 몰고 간신히 단지까지 도착했다.

"요금은 집에서 지불하겠습니다. 함께 와 주세요."

여성은 이렇게 말하더니 열린 문에서 소리없이 나가 바로 앞의 건물로 들어갔다. 기리야마씨도 황급히 차에서 내려 그녀의 뒤를 쫓아 들어가 방문을 노크했다. 그러자,

"누구시죠. 이렇게 밤늦게 도대체 무슨 일입니까?"

비쩍 마른 부인이 나와서 수상하다는 듯이 기리야마씨를

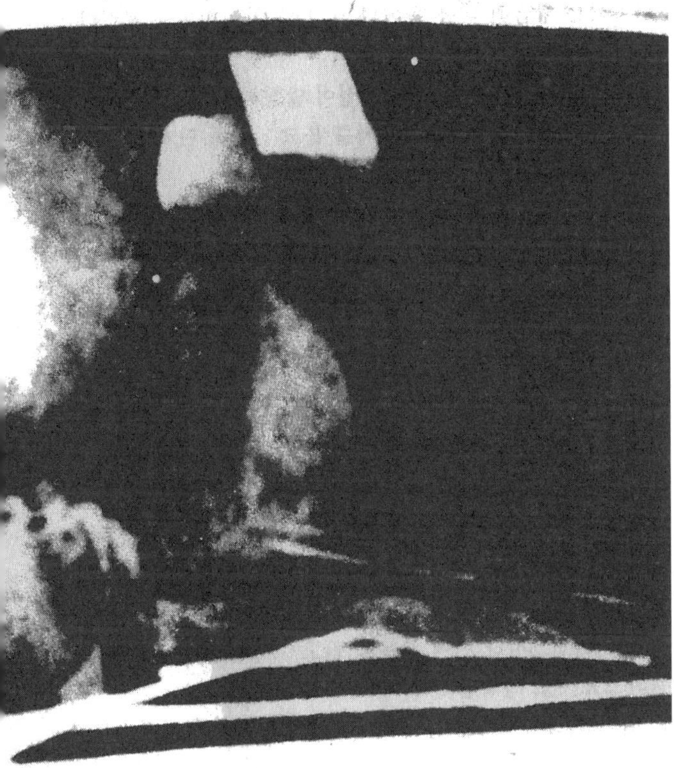

보고 이렇게 말하는 것이 아닌가!

"무슨 일이라니요? 댁의 딸이 택시비를 주지 않고 내렸습니다."

그는 화가 나서 요꼬하마에서 태우고 왔던 상황을 빠른 말투로 덧붙였다. 그러자 부인의 얼굴이 금방 창백해지는 것이었다.

"그, 그 딸이라면 3시간 전에 손목을 끊고 자살했습니다."

'뭐, 뭐라고요? 정, 정말입니까?'

부인의 말에 기리야마씨는 온몸에 찬물을 끼얹은 것 같이 오싹해졌다.

'난, 난 유령을 태웠다.'

그는 얼마 후 그 때의 일로 해서 충격을 받아 병원에 입원을 했고, 그것이 원인이 되어 시름 시름 앓다가 죽고 말았다.

밤에 우는 돌

— 그때 밤에 우는 돌 주위에 창백한 사람의 그림자가 —

"밤에 우는 돌에 유령이 나온다고 하지만 과연 사실일까? 확인해 보자."

마스야마 시내에 사는 이자와 기찌조오씨는 그렇게 말하고 마쓰야마성의 세번째 성곽 자리로 갔다.

밤에 우는 돌이란, 세번째 성곽 자리에 남은 오래된 정원석이다. 주위에는 풀이 우거져 있어 낮에도 으스스한 곳이다.

이자와씨는 풀숲을 헤치며 조심 조심 돌로 다가 갔으나, 아무 일도 일어나지 않았다.

'역시 유령같은게 나올게 뭐람.'

이윽고 이자와씨는 돌아가려 했다. 바로 그때였다.

'으앙— 으앵!'

갑자기 여자와 어린이의 울부짖는 소리가 나며 밤에 우는 돌 주위에 창백한 사람의 그림자가 나타났다. 모두가 머리를 풀어헤친 피투성이의 여자들이었다.

'유, 유령이다!'

이자와씨는 너무나 무서운 나머지 기절을 하고 말았다. 어째서 밤에 우는 돌에서 유령이 나오는 걸까?

"옛날 마쓰야마 성주인 가모우 다다도모가 후사를 이을 애가 태어나지 않는데 화를 내어, 성안의 여자들을 모조리 잡아다가 이 돌 위에서 배를 갈라 죽였다. 그런 연유로 해서 살해된 여자들의 원한이 이 돌에 맺혀 있는 것이다."

라고 전해진다.

괴음이 나는 절

— 텅빈 절 본당에서 댕 댕 종소리가 똑똑히 들려왔는데 —

'댕! 댕!'

절 본당에서 종소리가 울렸다. 안의 객실에서 주지스님을 에워싸고 이야기를 하고 있던 신자들이 놀라서 서로 얼굴을 마주 보았다.

지금 본당에는 아무도 없었다. 헌데 그 본당에서 종소리가 똑똑히 들려오고 있는게 아닌가.

"스님!"

신자들은 놀란 얼굴을 하고 주지 스님을 보았다.

"뭐, 마음 쓸것 없어요. 영께서 오신 거요."

주지스님은 아무렇지도 않은 얼굴을 하고 신자들에게 말했다. 그러자 바로 그때였다.

'뽀글 뽀글 뽀글—'

이번에는 목어(木魚)의 소리가 들렸다.

깜짝 놀란 신자들은 모두 엉거주춤해져서 본당 쪽으로 귀를 기울이면서 기웃거렸다.

"조금도 놀랄 것 없어요. 이런 일은 늘상 있는 일인걸…"

주지스님은 일어서더니 신자들을 손짓하여 본당 쪽으로 들어갔다. 이곳은 히로시마껭 가미시이군 미와동에 있는 절로서 약사사(藥師寺)였다.

이 절에서는 수년 전부터 아무도 없는데 본당에서 종을 치는 소리와 목어의 소리가 날뿐만 아니라 본당의 죽은 이의 영이 모습을 보이는 일도 있었다.

이 절에서 일어나는 괴현상은 이뿐만이 아니었다.

신도의 한 사람이 본존(本尊)인 약사여래에게 바치려고 가져 온 한 되짜리 술 한 병이 마개도 따지 않았는데 몇 분만에 빈병이 되고마는 일이 종종 있었다.

"술을 바치고 주지스님께서 예불을 올렸더니 여래님 말씀으로 '술을 마셨다!'고 말씀하셨다고 합니다. 그래서 병을 보니 비워 있어서 정말 깜짝 놀랐습니다."

이렇게 신도는 어깨를 움츠리며 말해 주었다.

이 절은 해발 700미터 정도의 산중에 있어서 기괴한 일이 매일처럼 일어나고 있다고 한다.

이곳의 주지스님 또한 영시(靈視), 염사(念寫)의 능력이 있어서 지금까지 많은 염사를 해오고 있었다.

주지스님은 무엇인가를 느꼈을 때 포라로이드 카메라로 염사를 하고 있으나, 교통사고로 죽은 사내의 모습이나, 죽은 사람이 저승에 가지 못한 얼굴 따위 등 매우 뛰어난 염사를 하고 있었다.

또한 스님은 길을 걷거나, 자동차 운행 중에도 뭔가를 강렬히 느낄 수가 있다고 한다.

댐 공사 현장을 지날 때도, 순간 깜박하고 트란스 상태가 되는 일이 있었다. 그것이 재차 일어나므로 조사해 보니 댐공사때 발굴된 인골(人骨)이 공양(供養)도 되지 않은 채 공민관에 전시되어 있다는 걸 알았다.

‘재앙이 내린다.’
라고 스님은 생각했다고 한다. 그리고 생각한 대로 사고가 발생했다고 한다. 그것은 댐 공사 현장이 있던 지역에서 당선된 동장이 세 사람이나 급사를 한 사건이었다.

스님은 인골을 공양할 것을 권했다. 그리고 그 일이 실현 단계에 있었다. 세 사람의 동장의 죽음이 인골과 정말로 관계가 있는지 어쩐지는 분명치 않으나, 주지스님의 영력(靈力)은 고장에서도 평판이 높다.

머리가 없는 제복 입은 소녀

— 한밤중이 되면 학교 화장실에서 망령이 나온다는데 —

'한밤중만 되면 학교 화장실에서 망령(亡靈)이 나온다.'

언제부터인가 학생들 사이에 그런 소문이 번지고 있었다.

나까무라 쇼오지군은 기회가 있을 때마다 그 소문이 진짜인지 아닌지 확인해 보려고 생각하고 있었다.

오늘 밤이 다시 없는 기회, 클럽의 합숙으로 친구들과 교실에서 묵고 있었기 때문이다. 그날 밤 11시쯤,

"애들아, 누구 같이 안갈래?"

나까무라군은 망령 탐험할 동지를 모집하여 보았다. 그러나 아무도 응하지 않았다.

'칫, 겁쟁이들이구나!'

이렇게 되면 혼자 가는 수밖에 없다는 생각에 슬리퍼를 신고 콧노래를 부르며 이층에 있는 문제의 화장실로 발걸음을 옮겼다.

이층 복도에는 20와트 짜리 전구가 달랑 한 등만 켜있을 뿐 사방은 깊은 정막과 어둠에 싸여 있었다. 나까무라군의 그림

자가 길게 고리를 끌고 슬리퍼 소리만이 어둠의 정적을 깨뜨렸다.

화장실 앞에 서서 문을 노크해 보았다. 그러자 댓구가 있었다.

"어? 누군가 있네!"

두번째 문도 마찬가지로 안에서도 똑똑 노크를 한다. 이상하다. 이 밤중에 둘이 다 차다니!

나까무라군은 등골이 오싹해지는걸 느끼고 돌아가려고 생각했으나 친구들 볼 체면을 생각하니 그럴 수도 없었다.

세번째 문을 두드려 보았다. 그런데 똑똑하는 대답이었다. 더욱 온몸에 소름이 쫙 끼쳤다.

'역시 그 이야기는 사실인가? 아냐, 거짓말이야, 거짓말일게 분명해.'

몸이 부르르 떨린다. 겁쟁이 기질을 떨어버리려고 하듯이 진저리를 한번 치고는 있는 대로 용기를 내어서 넷째번 문을 두드렸다.

역시 똑똑, 노크 소리가 되들려 왔다. 이젠 의심할 여지가 없었다. 공포로 온몸이 얼어붙고 말았다.

그때 다섯번째 화장실에서 구원을 청하는 여자의 목소리가 들려 왔다. 그와 때를 같이 하여 다섯개의 화장실 문이 일제히 열리고 다섯번째 문에서 머리없는 망령이 나타났다.

피투성이의 제복을 입은 소녀였다. 입이 없는데, 어데서 소리를 내는 건지, 소녀는 구원을 청하며 나까무라군 쪽으로 매달리듯 다가 왔다.

▲ 도쿄의 연못 근처에서 찍힌 사진인데 중앙 위쪽에 남성의 얼굴이 찍혀 있다. 이 연못에서는 옛날 몇사람이 익사한 일이 있고, 위를 보고 있고, 고통으로 일그러진 표정이 엿보이는 것을 보아도 이 연못에서 익사한 영체가 틀림없는 것 같다.

소녀의 말라빠진 피투성이의 손이 나까무라군의 뺨에 닿았다. 얼어버린 듯한 차가움… 나까무라군은 마침내 그대로 기절하고 말았다. 곧 나까무라군은 친구들의 도움을 받았으나 충격이 너무나 큰 나머지 좀처럼 의식이 돌아오지 않았다.

친구들이 달려 왔을 때에는 다섯개의 문은 원래대로 닫혀 있었고, 머리없는 소녀의 모습도 없어졌다.

이 화장실에서 예전에 한 소녀가 목을 매어 자살을 했다고 한다. 양부모에게 학대를 받고 너무나 괴로운 나머지 죽었다고 한다.

그 뒤로 소녀가 망령이 되어 나오게 되었다는 것이다.

흐느껴 우는 유령

— 유령 저택에 들어선 사람들, 과연 그 저택에서 무슨 일이? —

최근에 도쿄 가쓰시까구에 사는 어느 소녀로부터 한통의 편지가 왔다.

— 지난 번에 어머니와 동네 아주머니들에게서 유령 저택이 있다는 이야기를 들었습니다. 그곳에는 여자 유령이 나온다고 합니다. 정말일까요? 기분이 나쁩니다. —

편지를 읽은 나는 수년 전에도 애독자들로부터 이같은 편지로, 도쿄 오오다구에 유령 저택이 있다는 것을 알고 즉시 가서 조사를 했던 일을 생각해 냈다.

그 저택은 밖에서 보기만 해도 등골이 오싹해질 만큼 무시무시한 건물이었다. 안으로 들어간 나는 유령의 흐느껴 우는 듯한 목소리를 듣고 몸서리를 쳤다.

'혹시 이번에도'

나는 싫어하는 기자와 시마 요시꼬양(중1학년)을 데리고 즉시 문제의 장소로 달려 갔다.

현지에 도착한 우리는 S, Y양의 편지만으로는 유령 저택이 있는 장소를 정확히 알 수 없었다. 그래서 근처에 있던 채소 가게 아주머니에게 물어 보았다.

“오오라! 그 유령 저택말이군요. 꽤 오래 전에도 여러 가지 소문이 있었거든요. 정말인지, 거짓말인지 모르지만 아이를 걱정하는 어머니의 유령이 나온다는 소문이었거든요.”

아주머니는 연필에 침칠을 해가며, 포장지 위에 약도를 그려 주었다.

나는 지금까지 유령 저택이라는 것을 몇 번 보러 간 일이 있었다. 하지만 이런 번화한 곳에 있는 유령 저택은 처음이었다.

요시꼬양의 얼굴을 보니, 긴장하여 약간 창백해지고, 기자는 약도를 다시 보면서 뭔지 연신 고개를 끄덕이고 있었다. 역시 '유령탐방'에 흥분하고 있는 것처럼 보였다.

아무래도 아주머니가 그려 준 약도가 잘못된 건지, 목적지인 저택을 찾을 수가 없었다. 초조해진 기자는 마침 물을 뿌리고 있는 양품점 점원에게 조금 전의 약도를 보이면서,

"이 유령 저택은 어데입니까?"

하고 물어 보았다.

"뭐요? 또 그거요?"

순간 점원은 큰소리를 냈으나, 유령 저택에 대해서는 자세하게 여러 가지를 이야기해 주었다.

점원의 말에 의하면, 그 저택은 예전에 병원이었던 건물로 원장 선생님이 돌아가신 뒤 부인이 여관으로 바꾸었단다. 헌데 그 부인이 미까와서에서 전차 사고로 사망하고 말았다.

그날 부인은 친척 집에 갔다가 자고 가라는 권유를 받았으나, 두 아이의 일이 걱정이 되어 돌아오던 중에 그만 사고를 당했단다. 그런 뒤 얼마 후 그 여관은 어느 백화점의 남자 기숙사가 됐다는 것이다.

"전에도 기숙사에 계신 분이 곧잘 물건을 사러 와서 무서운 이야기를 하고 돌아가곤 한적이 있습니다."

여자 점원은, 들은 이야기를 생각해 보는 듯 입술을 사려 물었다.

— 그것은 새벽 2시쯤이었다. 저벅 저벅 저벅…

잠에 취한 눈으로 화장실에 가려고 일어난 사내는 그 으스

스한 소리에 걸음을 멈추고 말았다. 사내는 눈을 부비고, 숨을 들이쉬며 물끄러미 어둠속을 바라다보았다.

아무 것도 보이지 않았다. 하지만 으스스한 발걸음 소리만 들려 왔다. 사내는 비명을 지르고 이불속으로 기어들었다.

똑, 또, 똑—

숨을 죽이고 있는 사내의 귀에 이번에는 물이 떨어지는 소리가 들려 왔다. 사내의 몸은 와들 와들 떨리며 비명을 지르려고 해도 목소리가 나오지 않았다.

"이 사람은 그 다음 날, 기숙사에서 나가고 말았다더군요. 그런 무서운 일을 몇 사람인가 당했다나 봐요. 뭐, 최근에 제령을 했다나 봅니다."

요시꼬양과 기자는 창백한 얼굴로 여점원의 이야기를 듣고 있었다.

'역시, 편지는 사실이었군요.'

요시꼬양은 치솟는 무서움을 안간힘을 쓰며 참으면서 나에게 이야기를 건넸다.

나는 순간 대답이 궁했다. 틀림없이 지금까지 들은 이야기로는 문제의 집에 무슨 일인지 일어났던 것만은 사실인듯 했다. 하지만 사람은 때때로 무서운 환각을 보는 수가 있다. 여자 점원이 이야기한 사내의 경우도 환각을 본 것인지도 모른다.

길을 돌아가는 건지 역시 문제의 집은 찾을 수가 없었다. 마침 그곳에 신문을 배달하는 노인이 지나가기에 물어 보았더니, 잠시 생각에 잠긴 뒤,

"유령이 나왔다는 사람도 있고, 나오지 않았다는 사람도 있소. 나는 보지 못했으니 뭐라고 말할 수 없지. 하지만 그 집은 아무래도 못쓰겠어. 그 집은 웬일인지 부부가 모두 묘하게 죽었거든…"
하고 시답지 않게 이야기해 주었다.

차가운 것이 방울 방울 떨어지기 시작했을 때, 겨우 문제의 집을 찾아냈다.

"어쩐지 이상해요."

요시꼬양은 그 집을 본 순간 몸을 움츠리며 말했다. 그 저택은 소문대로 으스스한 분위기를 풍기고 있었다. 기울어진 집채, 흘러 내리고 있는 기와, 덜컹 덜컹 기분 나쁜 소리를 내는 유리창, 신음하는 듯한 소리를 내는 정원수.

기자는 문을 밀어 열려고 했다. 하지만 그 문은 못질이 되어 있어서 기분 나쁜 소리를 낼 따름이었다.

"여보세요. 집 주인이 있으니까 연락해 보시는게…"

친절해 보이는 사람이 전화번호를 가르쳐 주었다.

"실은 독자에게서 편지가 와서요."

'사절하겠소.'

집 주인은 찰칵하고 전화를 끊었다.

우리는 이 정도에서 조사를 중단하는 수밖에 없었다. 우리들의 발밑을 제령하는데 사용한 종이쪽지가 바람에 흩날려 저택 안으로 사라져 갔다.

으시시한 소리를 내는 부모와 자식의 영

—한 그루 소나무가 있는 곳에서 걸음을 멈춘 유령은—

"유령말이지, 그래 그곳이라면 유령이 나올지도 모르겠는걸. 그렇지만 책임질 수는 없어요."

최근에 나는 우연히 알게 된 경찰에게서 유령 저택을 알아낼 수 있었다. 구마 모또껭 기하라 지방에서 있었던 일이다.

"저는 빠지게 해주십시오!"

유령을 아주 싫어하는 카메라 맨은 예정 밖의 일이었으므로 먼저 돌아가고 말았다. 유령 취재에서 카메라 맨이 도망치는 일은 지금까지도 자주 있었으므로 나는 별로 마음에도 두지 않고 혼자서 카메라를 휴대하고 갔다.

그곳까지는 차로 약 20분 거리였다.

"손님, 그 도깨비 나오는 집에 무엇하러 가십니까?"

택시 기사가 이상하다는 듯이 나의 얼굴을 쳐다 보았다.

"무서운 유령이 나온다기에 연구하러 가네."

"그만 두시는게 좋지 않으시겠습니까? 잘못하면 큰 봉변을 당하십니다요."

기사는 뚜렷한 이유를 말하지 않으면서 취재를 그만두라고 권했다. 하지만 나는 그같은 충고를 듣지 않고 유령 저택으로 갔다.

"그럼 조심하십시오."

기사는 나를 내려 놓더니 재빨리 돌아갔다.

"이것이 유령 저택인가?"

나는 집을 잘못 찾은게 아닌가 생각했다. 공원처럼 넓은 나무들이 울창한 숲속에 작은 집이 오뚝 한 채가 있을 뿐이었다. 집 그 자체도 유령 저택이라고는 도저히 볼 수 없었다.

"예, 예 그렇습니다."

나는 10분쯤 걸어 간 곳에 있는 구멍가게에 가서 잘못 찾은 건지 어쩐지를 확인해 보기로 했다.

가게 주인인 듯한 노인은 나를 물끄러미 보면서 깜짝 놀란 듯이 대답했으나, 곧

"뭐하러 오셨소?"

하고 따지는 듯한 말투로 물었다.

나는 취재를 왔다고 대답하자, 노인은 얼굴빛이 어두워지며 기분이 언짢아지더니, 그 다음에는 무슨 말을 물어도 대답하지 않았다.

하는 수 없이 나는 근처에 있던 국수집으로 찾아 들어갔다. 여기까지 온 내력을 말하자, 주인은,

'허어, 도쿄에서 일부러 왔단 말이죠.'

주인은 딱하다는 듯이 말하며 내가 앉은 식탁에 와서 앉더니 이야기를 시작했다.

"구멍가게 할아버지는 유령과는 육친 관계랍니다. 그러니까 재미없게 되었죠. 그도 그럴 것이 그 일족은 저주를 받은 것 같아요. 모두 불행하게 죽었으니까요."

국수집 주인은 아주 자세하게 알고 있었다. 그의 이야기를 듣다보니 유령의 정체를 알 수 있을 것 같았다.

유령은 모자 사이이며 계속되는 불행을 괴로워하여 자식과 동반 자살을 한 야마모또 집안의 며느리였었다.

야마모또 집안은 악령의 저주를 받은 듯, 몇대 전부터 숲속의 집에 사는 사람은 거의 미쳐 죽거나 원인모를 병으로 갑자기 죽거나 하고 육체적으로도 기형아가 많이 태어났다.

유령의 아이도 혀끝이 갈라지고 게다가 상반신이 뼈없는 사람처럼 흐느적거렸으며, 그 아버지도 갑자기 미쳐서 목을 매어 자살을 했다고 한다.

"남편이 죽은 날 밤, 모자가 동반자살을 하였으니까. 한꺼번에 세 사람의 초상을 치른 셈입니다. 벌써 5년 전의 일이군요."

"어땠어요. 유령이 나왔었나요?"

그날 밤, 나는 밤 11시부터 새벽까지 유령 저택의 뒤뜰에서 망을 보고 있었으나 끝내 유령은 나오지 않았다.

"실패했습니다."

날이 새자 찾아온 국수집 주인에게는 쓴 웃음을 지어 보였다. 하지만 나는 그날 밤 망을 보는 도중에 물체화 된 유령은 보지 못했지만, 어떤 것을 느낄 수 있었고, 집에서 랩현상[유령이 나타나기 전에 일어나는 생나무 찢는 듯한 소리]이 나는 것을 들었다.

"하룻밤 더 망을 보겠습니다."

주인은 나의 얼굴을 딱하다는 듯이 보고 있었다.

이튿날 밤은 10시부터 전날 밤과 같은 장소에서 유령이 나타나기를 기다렸다. 그날 밤은 달이 달무리져 보였다. 가을의 달은 구슬프고, 게다가 차갑게 느껴졌다.

밤 12시 가까이 냉랭한 바람이 숲속의 초목들을 술렁거리게 하기 시작했다. 물끄러미 한 집을 응시하고 있던 나는 갑자기 으시시한 추위를 느끼고 몸을 떨었다.

'나오는군!'

나는 마음 속으로 그렇게 생각했다. 등골이 오싹 오싹한 소름이 끼치는 듯한 추위를 느끼면 틀림없이 유령이 나타나는 경우가 많다.

크게 랩현상이 두번, 세번 일어났다고 생각되는 순간 집안에서 하얀 두 개의 사람 모습이 쑥 나타났다.

'나왔다!'

나는 물체화 된 유령을 놓치지 않으려고 숨을 죽이고 온 신경을 두 눈에 집중시켰다. 촉촉이 땀이 밴 손은 바들 바들 떨리고, 심장의 고동소리가 나의 귀에도 크게 들렸다.

단정한 일본 옷차림의 모친과 새 셔츠와 바지를 입은 아들 유령은 말없이 나에게로 다가 왔다.

얼음처럼 차가운 모자의 눈초리가 나를 응시했다. 그 순간 나의 심장은 공포로 금방이라도 멎을 것만 같았다. 모자 두 사람의 유령은 내 쪽으로 다가 왔는가 싶더니 갑자기 방향을 바꾸어 숲 쪽으로 갔다.

나는 마른침을 삼키면서 그들의 뒤를 따랐다.

히히히힛!

한 그루 소나무가 있는 곳에서 걸음을 멈춘 유령은 으스스한 소리를 지르자마자 그 나무에 몸을 부딪혔다.

그 이상한 광경에 나는 그저 멍청히 서있을 따름이었다.

모자들의 유령은 곧 사라졌으나, 나는 날이 새도록 그곳에 서있었다.

어둠에 떠오르는 혼불

— 갑자기 긴 백발을 흣날린 노파처럼 보이는 사람의 그림자가 —

비가 멎은 어느 무더운 여름밤의 일이었다. 잠을 이루지 못해 자전거를 타고 여늬 때와 같이 공원묘지로 산책을 나갔다.

울창하게 우거진 나무 숲이 사각 사각 소리를 내며, 훈훈한 바람을 보내오고 있었다. 갑자기 눈 앞의 어둠 속을 긴 백발을 흣날인 노파처럼 보이는 사람의 그림자가 소리없이 스쳐갔다. 등줄기에 찬물을 끼얹은 것 같고, 핸들을 잡은 손이 부들 부들 떨렸다.

이런 이야기를 들은 나는 혹시 환각일지도 모를 거라고 생각하면서 자바껭 마쓰도시의 야쓰바시라 공원묘지로 향했다. 그 근방 사람에게 그런 이야기를 물어보았더니,

"글쎄요."

"아, 혼불은 흔히 볼 수 있어요."

'불교식으로 장사를 지낸지 얼마 안된 죽은 자가 있을 때는 흔히 교통사고가 나지만, 무슨 관계가 있는 건가?'
하는 것이었다.

혼불은 묘지가 있는 곳이면 흔히 볼 수 있는 일이며, 그다지 신기한 일도 아니라고 생각했으나, 사고가 생긴다는 것은 역시 예삿일이 아니었다.

나는 백중맞이 뒤의 어느 날 밤에 기자와 함께 공원묘지 안에서 지내기로 했다.

그곳은 넓은 묘지 안으로 오래된 묘석과 세운지 얼마 안되는 묘표가 무수히 늘어서 있었다.

별 하나 없는 어두운 밤은 점점 깊어가고, 곁에 있는 기자의 얼굴도 뚜렷이 보이지 않았다.

새벽 1시 20분, 나는 온몸이 뭐라고 말할 수 없이 떨리기 시작했다.

'음 느낀다.'

몇년 전, 이 눈으로 똑똑히 유령을 보았을 때와 같은 기분이었다.

'앗 혼불이다!'

눈여겨 본 어둠의 저쪽에 희미하게 파르스름한 불길같은 것이 보였다. 기자는 계속 셔터를 눌렀다. 나는 그 정체를 확인하려고 그 무덤에 다가 갔다. 그러자 그것은 곧 사라지고 말았다.

나는 조심 조심 그 무덤 주위를 조사하여 보았다. 뭔가 잘못 보았는지도 모른다. 그곳에는 오래 된 묘석이 있을 따름이었다.

새벽 2시 5분.

'앗!'

우리는 놀라 숨을 죽였다. 이럴 수가. 흰 묘석 옆에 어린이 몸체만한 흰 그림자가 하늘 하늘 움직이고 있는게 아닌가!

"또 나왔다!"

우리는 떨면서 그것을 확인하려고 살며시 다가갔다. 허나 '유령'이라고 생각했던 그 흰 그림자는 쟁반에 관 등이었던 것이다.

우리는 마음이 놓이면서도 낙심되어 두 세걸음 되돌아 가려고 했다.

'야 웅!'

사방이 고요를 씻어발기는 듯한 소리가 나고 깜짝 놀라 우리의 발치께를 강아지만한 시커먼 큰 고양이가 몸서리치도록 무서운 눈을 번득거리며 이빨을 드러내고 달려 갔다.

심야의 묘지 안에서 검은 고양이가 달리는 것을 보면 불길한 전조라고 한다. 나는 솟아나는 식은 땀을 닦으려고 했다. 하지만 무서움에 떨리는 손은 주머니의 손수건 조차 꺼낼 수 없었다.

'앵— 앵'

모기떼들이 우리를 엄습해 왔다. 물렸을 때의 통증은 마치 바늘에라도 찔린 것 같았다. 그것은 모기라기 보다 마치 무덤에 숨어 있는 우리를 쫒아버리려는 죽은 이의 재생된 모습처럼 생각되었다. 하지만 다음 순간 나도 기자도 기겁을 하게 놀라 몸을 움츠리고 말았다.

사람의 얼굴 크기만한 파르스름한 불덩어리가 긴 꼬리를 끌고 바로 앞의 무덤 속에서 휘익 날아가 어두운 밤하늘을 맴

돌면서 저쪽 숲으로 사라졌던 것이다.

멀건이 서있는 기자는 카메라의 셔터를 누르는 것조차 잊고 목쉰 소리로,

"나왔다. 저거야말로 혼불이다!"

하고 계속 중얼거리고 있었다.

혼불은 개스가 타는 현상이므로 죽은 사람과는 관계가 없다고 말하는 학자도 있다. 하지만 나는 바로 앞에서 본 그 혼불이 아무래도 개스가 탄 것이라고는 생각할 수 없었다.

조금 전의 검은 고양이 하며, 혼불이 나타난 묘석 하며, 뭔가 과학적으로는 설명할 수 없는 죽은 사람의 혼이라는 것을 느끼게 했다.

소문에 들은 노파의 유령이라는 것은 우리가 본 혼불이었을까?

무인(無人)부락의 영

— 우라시마 전설이 있는 무인부락 당고반도에 얽힌 이야기 —

유령 도시가 당고(丹後)반도에 있다!

내가 이 이야기를 듣게 된 것은 마이니찌 방송에서 이것을 프로에 넣게 되었을 때였다. '당고반도'라고 하면 아름다운 구름다리라든가, 우라시마 다오로의 요술상자를 보존하고 있는 신사(神社)가 있다든가 하여 떠오른다는 것은 꿈같은 영상이었다.

작년 겨울, 여자 여섯명의 그룹이 당고반도의 북쪽에 있는 요시다니라는 부락에 갔다. 갔다고 하기 보다는 눈속을 걷다가 그리로 나오고만 것이었다.

일행은 요시다니의 산중턱에 있는 인가를 찾아 그곳에서 잠간 쉬어가려고 생각했다.

"계십니까?"

일행은 여러 집의 문을 열었으나 어느 집이나 사람이 없었다.

"하지만 어느 집에나 화로가 놓여 있거나 씻다 둔 듯한 찻잔이 있거나 하여…"

마치 바로 전까지 있던 사람들이 갑자기, 뭔가에게 납치당하고 만게 아닌가 하고 생각하고 싶어질 듯한 상태였다.

일행은 식구들이 돌아와서 꾸중하면 사과할 셈으로 한 큰 집에 들어가 그곳에 있던 풍로와 냄비를 이용하여 즉석 음식을 만들어 먹었다.

밤중이 되었는데도 아무도 돌아오지 않았다. 일행은 몸을 서로 맞대고 잤다.

새벽 2시자 넘자, A녀와 B녀는 화장실에 가려고 일어났다. 회중전등의 불빛에 의지하여 화장실에 가려고 했다.

'악!'

A녀가 B녀에게 매달렸다. 앞을 보니 하얀 여름 브라우스를 입은 젊은 여성이 그곳에 서 있었던 것이다.

'저….'

두 사람은 그 여자가 이 집에 사는 사람으로 알고, 자기들이 허락없이 쓰고 있는 것을 사과하려고 했다. 하지만 다음 순간 두 사람은 기절할 정도로 충격을 받았다. 젊은 여자의 모습이 소리없이 사라져 버린 것이었다.

두 사람은 충격을 반은 나머지 화장실에 가는 것도 잊고, 친구들에게 달려와 그들을 깨우고, 방금 본 젊은 여자의 일을 이야기했다.

"사라졌단 말이야, 유령이야."

그녀는 무서워서 도저히 잠을 잘 수 없었다. 날이 밝기를 기다려서 일행은 도망치듯 요시다니 부락을 나섰다.

큰길에서 일행은 구멍가게 한 집을 발견하고 들어가 음료수로 목을 추기며 어젯밤의 무서운 이야기를 주고 받았다.

"어쩌자고 그런델 갔었노?"

가게집 노파가 어이없다는 듯한 얼굴로 일행들을 보았다. 노파의 말에 의하면 요시다니에는 지금 사람이라곤 한 사람도 살고 있지 않았다. 모두 입던 옷 그대로 어데론가로 가버

렸으며, 집집마다 텅 비어 유령도시가 되었고, 그녀들 일행이 묵었던 집에서는 스물 두 살된 딸이 자살했고, 식구들은 지금 어디로 갔는지 모른다는 이야기였다.

"우리가 본건 자살한 딸의…"

A와 B녀는 어젯밤의 무섭던 일을 생각해 내고 새파랗게 실렸다.

나는 당고반도에 또 한곳 있는 유령도시로 가 보았다. 그곳은 요시다니 보다 약간 남쪽에 있는 세야라는 곳이었다. 다행히 택시기사가 그 세야 출신이었으므로 여러 가지 이야기를 들을 수가 있었다.

옛날 세야에는 수십 가구의 집이 있었는데, 설해(雪害), 풍수해(風水害)가 많고, 한 가족 한 가족씩 떠나가고 지금은 완전히 무인부락으로 변하고 말았다고 한다.

차 한 대가 겨우 지나갈 만한 산길을 오르면서 기사가 이야기해 주었다.

"이 산길을 스키를 타고 한 시간 반이나 걸려서 학교에 다녔었죠."

기사의 말에는 당시의 힘들었던 일이 엿보였고, 듣고 있는 나도 어쩐지 마음이 무거워졌다.

"3년 전 심한 폭설이 내렸을 때 도쿄에서 온 한 가족이 눈사태로 몰살을 당했어요."

빈집을 들여다보며 부락을 걷고 있자, 기사는 새로 생긴 한 기(基)의 공양비(供養碑)에 안내해 주었다. 저녁 무렵 순간적인 사고로 일가족 세 명이 생매장을 당해 죽었다는 것이었다.

나는 이상한 분위기를 느끼고, 그 공양비를 향해 카메라 셔터를 눌렀다.

"얼굴 반쪽이 없는 공양 인형이 있었는데요."

기사는 여기 저기 돌아다니더니 겨우 목제 인형 하나를 찾아다 주었다. 다른 행신과 한곳의 사당에 보셔 있었나.

그 인형은 옛날 계곡 밑에 떨어져서 죽은 친구를 공양하기 위해 죽은 이의 얼굴과 똑같도록 반쪽 얼굴만을 붙인 것이었다.

그 공양 인형을 보고 있으니까 등골이 오싹해지는걸 느꼈다. 죽은 이의 영이 그 인형에 빙의되어 있는 것처럼 느껴졌던 것이다.

머리 무덤의 저주

— 이럴 수가! 여자의 영체가 암벽에 뚜렷이 나타나 있었다 —

고오베에서 연락선으로 30분 정도를 가면 아와지섬에 닿는다. 그곳에서 버스로 후꾸라라는 곳까지는 두 시간 정도 걸린다.

"아와지섬에서 으시시한 체험을 했다."

나는 이 정보를 조사하기 위해 출발했다.

그 체험은 교오또에 사는 두 사람의 주부가 한 것으로 심한 악취가 나고, 몸이 오싹 오싹 하며 뒤에서 머리를 누가 잡아 당겼다는 것이었다. 나는 체험한 사람에게도 동행해 달라고 부탁했다.

그 현장은 아와지섬 후꾸라의 국민 휴가촌에 있는 바다를 바라다 보는 산책로에 있었다.

아름다운 세도나이까이를 바라다보는 그 길을 걷고 있으면, 그런 기괴한 현상이 일어날 것 같은 곳으로는 도저히 생각되지 않았다.

"우리 이 고장 사람들은 그곳에는 가지 않습니다. 왜냐고요? 그건…"

나는 현지에 도착하자 현장에 가기 전에 그 고장 사람으로부터 이야기를 들어보려고 했으나 아무도 시원한 이야기를 해주지 않았다.

그것은 뭔가 있다는 증거였다. 흔히 취재하러 가서 직면하는 일로, 그런 증거가 있었을 때에는 꽤 많은 문제를 찾아낼 수 있었다.

"저 게무리섬에는 얼굴 무덤이 있어서 저주를 입는답니다."

국민숙사의 관계자에게서도 조사할 것과는 전혀 다른 이야기를 들을 수 있었다.

나는 우선 그 게무리섬에 가보기로 했다. 작은 배로 건너가지 않으면 안되었다. 작은 배로 일주를 한다 해도 채 5분도 걸리지 않는 작은 섬이었다.

그 섬에는 다이라노 아쓰모리의 얼굴 무덤과 이쓰꾸시마 선사의 작은 사당이 있을 뿐, 아쓰모리의 시신을 불태우는 연기가 오른 것을 헤이께(平家)의 일족이 보았다고 하여 게무리섬이라고 부르게 되었다고 한다.

낙엽이 꽉찬 가파른 돌계단을 오르자 나무가 빙 둘러싼 평지가 있고, 그곳에 얼굴 무덤과 사당이 있었다.

"이곳의 저주는 무서운 것이었어요. 그래서 별로 사람들이 오지 않습니다."

작은 배로 건너 준 어부가 무섭다는 듯이 말했다. 놀이 삼아서 이 얼굴 무덤에 온 사람이 돌아가는 길에 크게 부상을 입거나 갑작스런 죽음을 당하거나 한 사람의 수효가 굉장이 많다는 것이었다.

공물(供物)을 올린 탓인지 나는 아무런 재앙도 입지 않고 무사했던 것 같다. 바닷물이 밀려오는 산책길을 걸은지 약 10분쯤, 커브를 이루고 크게 들어간 곳이 있었다. 나무들과 풀이 무성한 곳으로 그곳에 가까이 가보니 토할 것 같은 악취가 코를 찔렀다. 또한 그때까지 촉촉이 땀이 났었는데, 순간 오싹거리며 오한을 느꼈다.

주부 두 사람이 체험한 곳은 바로 이곳이었다. 나는 어떻게든지 심령사진을 찍으려고 생각하고, 여러 각도에서 사진을 찍었다. 그때에는 그 이상의 체험은 아무 것도 하지 않았다.

밤이 되자, 캄캄한 산책길을 대형 회중전등을 가지고 걸어서 문제의 현장으로 가보았다.

'앗!'

나도, 동행한 사진기자도 깜짝 놀라 숨을 죽였다.

그도 그럴 것이 여자의 영체가 똑똑히 눈에 보였던 것이었다. 온몸을 숲 옆의 암벽에 똑똑히 드러내고 있었던 것이다.

후일에 더욱 더 놀란 것은 현상이 된 사진 석장에도 여자의 얼굴 상반신이 찍혀 있었던 것이다.

"저 위쪽에는 댐도 있고, 수도승의 무덤도 있으니까요."

숙소로 돌아와서 목격한 여자의 영체에 대한 것을 말하자 관계자는 그 말만 하고 방에서 나가 버렸다.

댐공사가 있었다면… 나로서는 관계자의 말뜻을 알아차린 것 같은 생각이 들었다.

마지막으로 여담일지 모르나 현장의 숙소로 돌아오는 도중에 있던 돌계단은 13이었던 것을 써두겠다.

PHOTO.REPORT

제 3 부

4차원세계의 공포

원혼(怨魂)의 세계

심령해부 Ⅰ

이 두장의 사진은 영국의 영능력자가 찍은 심령사진(心靈寫眞)이다.
여성의 머리 위에, 죽은 친구들이 나타나 있다. 이 영능력자는 이 장소라면 심령사진이 찍힐 것이라는 걸 역사한 다음 촬영한 것이나, 가짜(필름을 뒤바꾸는 일)라는 오해를 받지 않기 위하여 필름에 입회인의 싸인을 받았다.
다른 한 장은 남성의 할아버지가 찍혀 있었다.

심령해부 2

1940년대에 영국의 심령연구가(사진 전문가)에 의해 촬영된 영국심령협회의 공인된 심령사진이다.
뒤쪽 벽에 찍힌 다섯 개의 영(靈)의 얼굴은 가운데에 있는 사람의 육친(肉親)이나 친구였음이 확인되었다.

심령해부 3

이것은 브라질의 심령연구협회가 인정한 심령사진이다. 오른쪽에 서 있는 엑토프라즘에 싸인 여성은 죽은 딸의 영체(靈體)로 중병을 앓고 있는 어머니의 머리 맡에 나타난 것이다. 이 사진은 영능력자가 초령(招靈)을 하면서 촬영한 것으로 몇사람이 동시에 육안으로도 목격하였다고 한다.

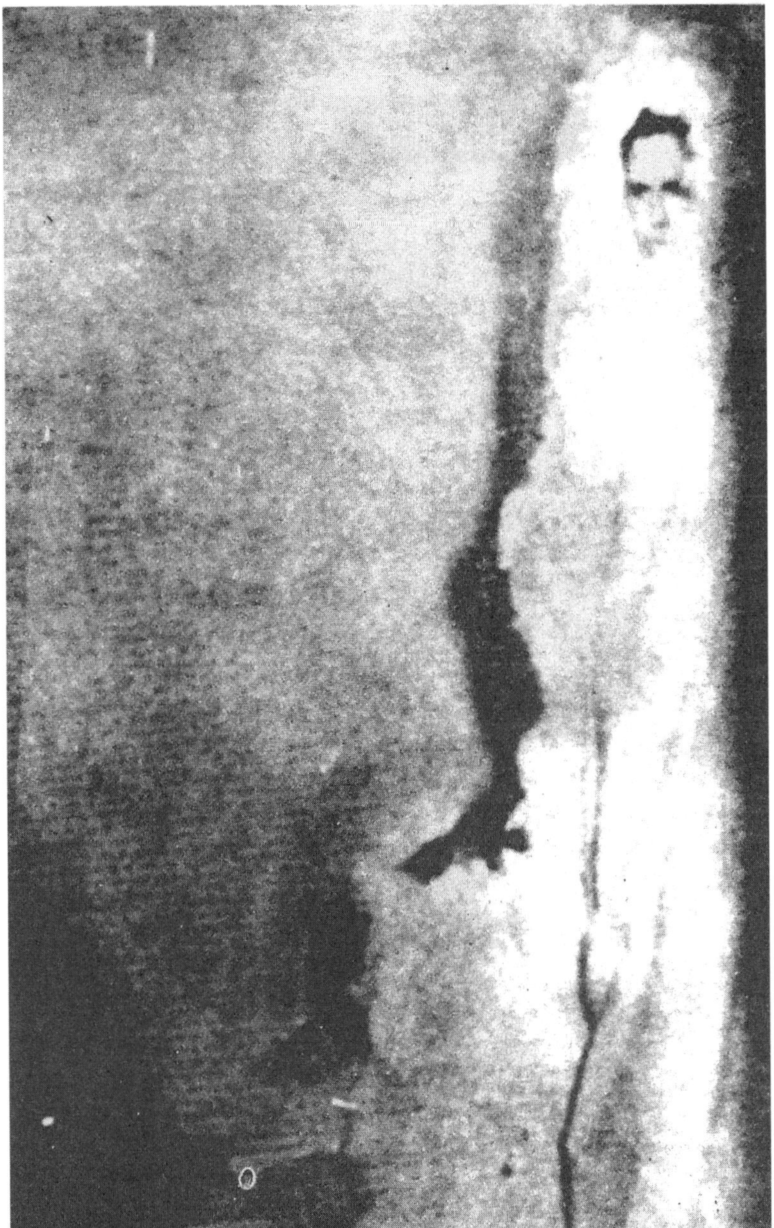

심령해부 4

미국에서 초령(招靈)실험에 의해 촬영된 심령사진이다. 영능력을 지닌 남성의 머리 위에 두 사람의 여성의 얼굴이 찍혀 있는데 이 남성과는 전혀 관계없는 사람인 듯하다. 이 사진에 대한 평가도 갖가지였으나 완전히 부정되지는 않았다.

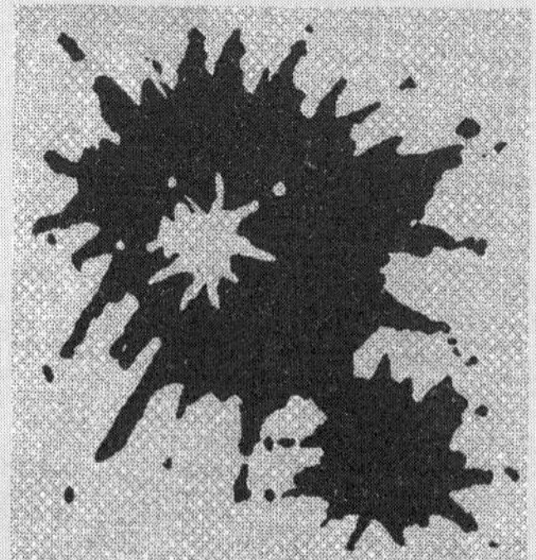

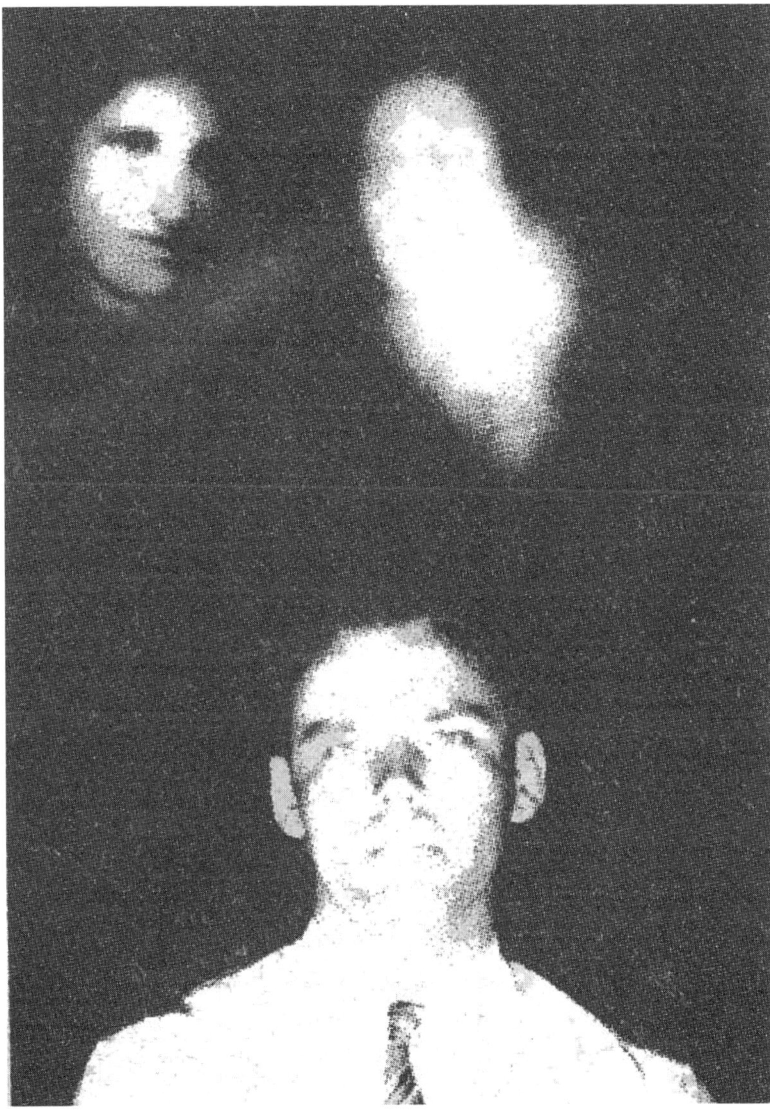

심령해부 5

미국인 영능력자를 사진으로 찍었더니, 배후에 여섯사람의 얼굴이 찍혀 있었다.
이 여섯 얼굴 중에, 둘만은 꽤 오래 전에 죽은 사람임이 확인되었다. 허나 다른 네 얼굴에 대해서는 분명치 않다고 한다.
너무 뚜렷하게 나타났으므로 속임수가 아닌가 하기도 했으나 뚜렷하게 속임수로 찍은 사진이라고 단정할 만한 증거도 없다.

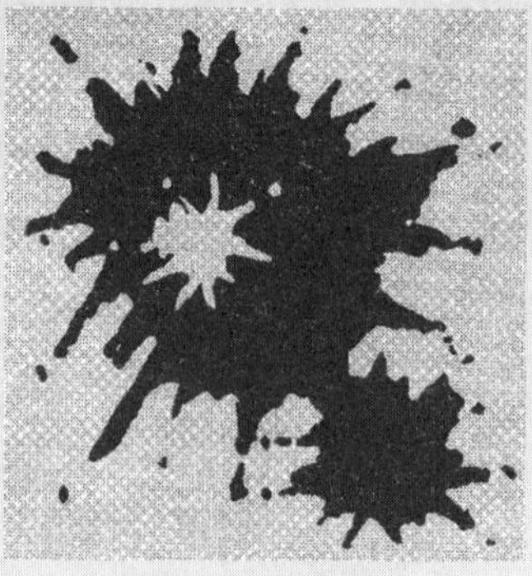

심령해부 6

이들 두장의 사진은 심령사진이다. 죽은 사람을 마음으로 생각하면서 카메라를 자기 자신의 얼굴을 향하여 셔터를 눌러 찍은 사진이다.

A. 미국사람이 죽은 조상의 영(靈)을 찍은 것이다. 오른쪽 위 아래로 두 사람. 왼쪽에 얼굴 반쪽이 두사람이다.

B. 영국 사람이 죽은 가족을 마음속으로 생각한 것이지만 네 사람이 분명히 나타나 있다.

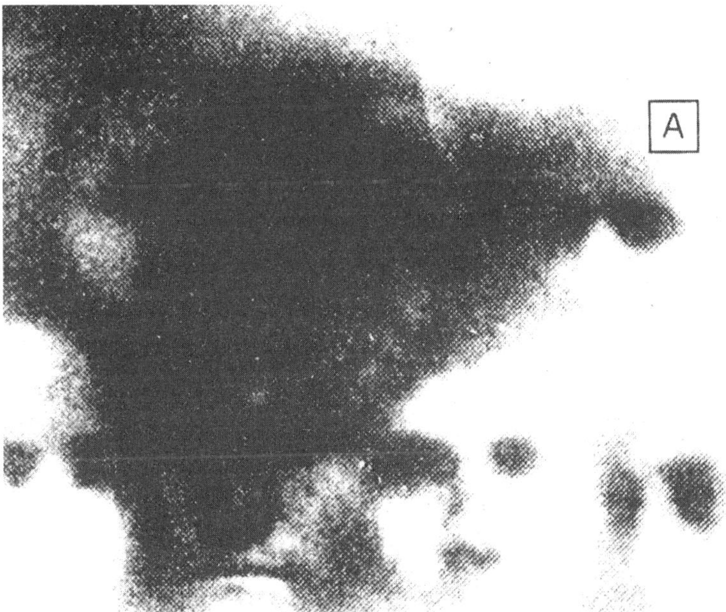
A

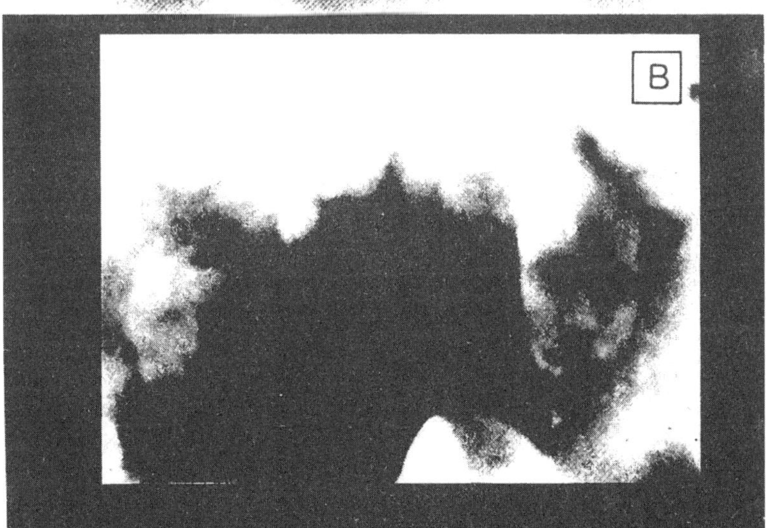
B

심령해부 7

1940년대에 영국에서 사진전문가가 촬영한 것이며, 가운데에 서있는 사람의 서재에서 찍었다.
완성된 사진을 보니, 왼쪽 윗쪽에 여섯개의 영체(靈體)의 얼굴이 찍힌 게 판명되었다.
이 여섯 사람은 가운데에 있는 사람과 생전에 다소 친분이 있었던 친구 또는 친지라고 했다.

심령해부 8

영국의 어느 가족이 기념사진으로 찍은 것인데 배후에는 세 사람의 영체가 찍혀 있다. 왼쪽에 나타난 두 사람은 육친의 모습으로 몇년 전에 사망한 사람이라고 하지만 오른쪽의 희미한 얼굴에 대해서는 집히는 바가 없다고 한다.

사령(死靈)의 세계

PHOTO.REPO

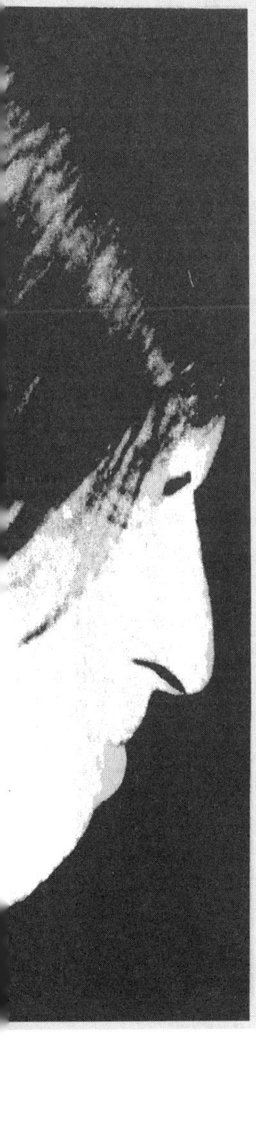

심령해부 9

미국의 유명한 영능력자에 의하여 행해진 엑토프라즘을 실험한 사진이다.
영능력자의 오른쪽 어깨에 죽은 사람의 얼굴이 엑토프라즘에 싸여서 나타나 있다.
이 실험사진이 믿을 수 있는 것인지 어쩐지에 대해서는 미국에서 의견이 둘로 나눠져 있고, 나도 의문스럽게 생각한다.

심령해부 10

이 사진이 찍힌 연월일은 분명치 않다. 영국의 어느 부자의 저택에서 찍은 것이다. 이 집에는 옛부터 영체가 있다고 전해지지만 이렇듯 뚜렷이 사진에 찍힌 것은 처음 있는 일이라고 한다. 계단의 중앙 난간 윗쪽과 계단에도 사진을 옆으로 해서 보면 몇 개의 영이 찍혀 있다. 영체는 반물질화(反物質化)된 엑토프라즘으로 나타나 있다.

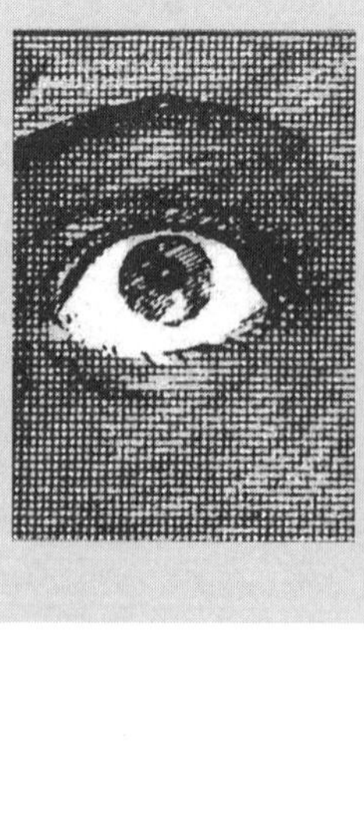

심령해부 11

뎬마크에서 열린 강령회(降靈會)에서 찍은 신기한 사진이다.
강령중에 의자가 떠오르고 모여있는 사람들의 머리 너머로 휙 날은 것이다.

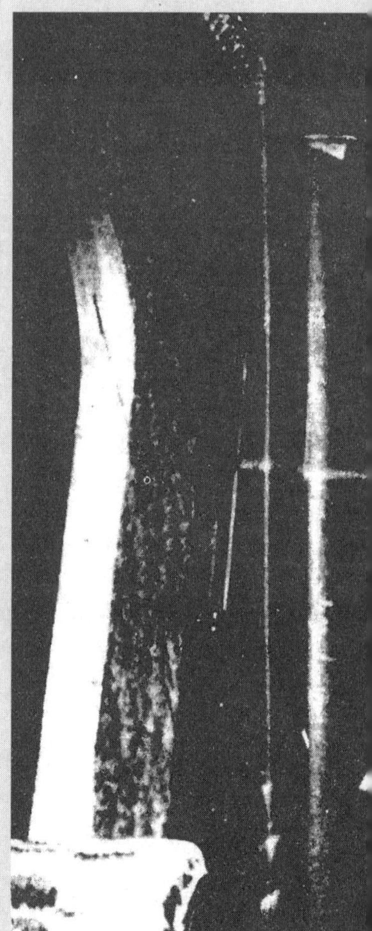

심령해부 12

미국에서 찍힌 심령사진이다. 이 중에서 몇 사람들이 기념사진을 찍은 것인데, 엑토프라즘이 반물질화(反物質化) 상태에서 찍혀있고 남녀처럼 보인다. 게다가 뚜렷한 확증이 없고 분명치 않으나, 매우 이상한 사진이다.

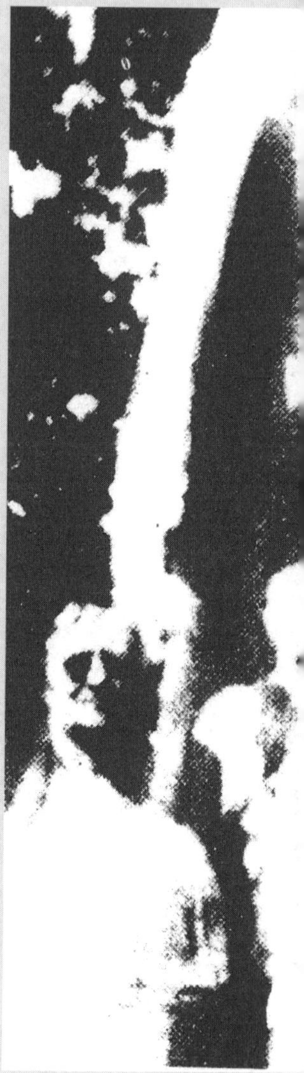

심령해부 13

여기 소개하는 2개의 사진은 심령을 연구하는데 매우 귀중한 것이다.

이 사진은 1930년대에 영국에서 찍은 유명한 것이다.

찍혀있는 것은 요정이라고 한다. 요정이 사진에 찍힌 것은 이 사진 뿐이다. 정말 동화에 나올 듯한 요정의 모습이 아닌가!

심령해부 14

이것은 영능력자를 시켜서, 그 사람의 엑토프라즘을 나오게 할 수 있는지 어쩐지를 실험하는 사진이다. 이 사람은, 브라질에서 유명한 영매자이지만, 엑토프라즘은 완전히 인체와 똑같은 것만을 내놓을 수는 없었다.
엑토프라즘은 마치 솜사탕과 마쉬마로 섞은 것 같은 것으로서, 체온도 똑같이 따뜻하고, 꼬집으면 영매가 통증을 나타내는 반응을 보였다.

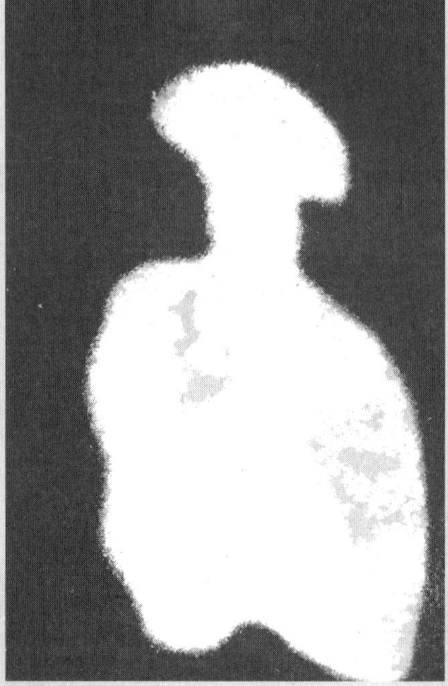

심령해부 15

이것은 영국의 유명한 고스트・헌터인 코오벳드씨가 어느 술집에, 지박령(地縛靈)으로 있는 로버트 남작의 영체를 상자에 봉해버리는 현장과 밀봉되기 직전에 찍힌 그의 영체이다.
이 사진은 런던의 일간지(日刊紙)의 사진기자가 찍은 것으로 믿을 수 있는 것이다.

심령해부 16

1966년 영국의 런던에 있는 로이얼마리타임 박물관에서 아마추어 사진작가가 찍었다고 하는 심령사진이다.

같은 박물관에는 꽤 오래 전부터 영이 나타난다는 말이 있었고, 사진에도 그 영이 똑똑히 잡혀 있다. 다만 애석한 점은 영의 성별 같은 것을 전혀 알 수 없다는 것이다.

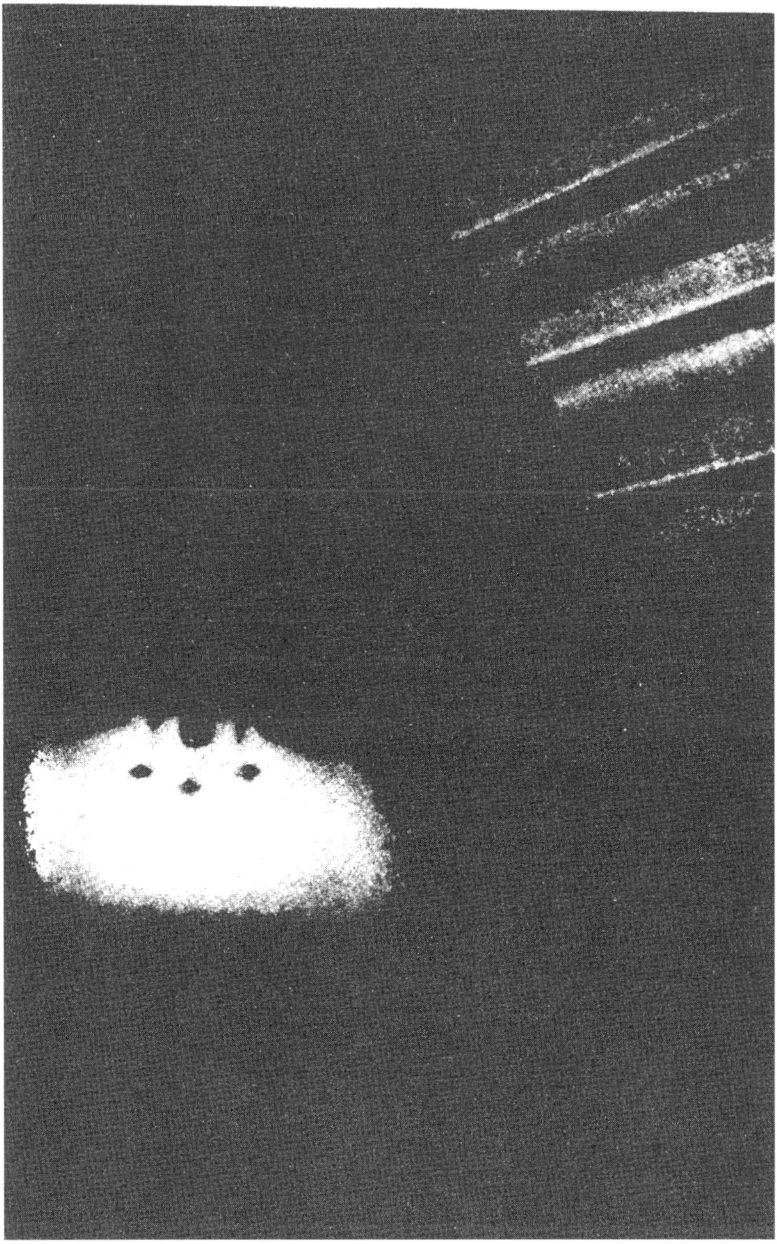

심령해부 17

이것은 미국인 여류 화가가 '영시(靈示)'를 받고 그린 유화(油畵)이다. 헌데 이상한 일은 이 그림이 매일 밤 변화하고 있다는 것이다.

영체의 눈은 그렸을 때는 감고 있었으나 지금은 떠있고 몸의 위치도 어긋나 있다고 한다.

미국에서는 변화하는 영체의 그림으로서 유명하다.

제 4 부
경이의 심령치료

심령치료의 실태와 종류

"당신은 '심령치료'를 믿습니까?"

하고 묻는다면 아마도 대부분의 사람들은 '노우'라고 대답할 것이다. 그것이 당연할지도 모른다. 만일에 '예스'라고 대답하는 사람이 많다면 이 또한 사회문제로써 떠들썩하게 되리라.

나는 당신에게 질문하고 싶다. 당신은 갑자기 어딘가, 예를 들어 복부에 아픔을 느꼈을 때 그 환부에 무의식적으로 손을 가져 가지 않을까?

손으로 누른 환부가 어느 때는 아주 기분이 좋아지든가, 때에 따라선 그것으로 낫아버린 경험은 없는지? 그뿐인가 '영파(靈波)'가 딱 들어맞는 다른 사람이 눌러 줌으로써 낫았다는 일은 없을까?

이런 체험은 아주 많은 사람이 갖고 있는 것이다. 내가 잘 아는 모 출판사의 간부는 수많은 메스콤 사람들 중에서 이와 같은 초보의 심령치료 체험자이다.

이 사람은 어렸을 때 사소한 부주의로 손가락이 잘려 나간 일이 있었다. 그때 심령치료 능력을 가진 할머니가 그 손가락을 꼭 잡아 주었을 뿐인데, 의사의 치료없이 손가락이 붙어버리고 완치된 체험을 갖고 있다. 이는 인체로부터 방사되는 '생체 에네르기'를 이용한 가장 초보적인 심령치료인 것이다.

'심령치료'라고 하면 현대인 대부분은 '미신'이니 '비과학적'이니 하면서 무조건 부정하려 들지만 나는 너무도 불가사의하여 견딜 수가 없다. 비록 그것이 몇천만분의 1, 몇억분의 1이라는 극히 적은 기적이라 해도 그런 '사실'을 규명하는 것이 과학시대의 상식적인, 과학자가 취할 태도가 아닐까 라고 생각한다.

무엇이든 부정하기란 간단하고 쉽다. 자기의 상식 밖의 일을 모두 편리한 말로써 부정해 버리는 것은 새로운 사실, 비록 그것이 믿기 어려운 기적이라 할지라도 그 사실로부터 도망치는 비겁한 생각이라고 여길 수 밖에 없다.

그럼 여기서 '심령치료'라는 것에 대해 구체적으로 설명해 보자.

세계의 심령학자라고 해도, 그 주력은 미국과 영국 등 유럽에 많고, 동양은 심령 연구가 매우 뒤져 있을 뿐더러 그 연구자 수도 극히 적다.

세계의 심령과학자들 사이에는 '인간은 병의 원인으로서 의학적인 것과 영적인 것이 있고, 영적 원인에 의한 병은 현대의학으로 고치지 못한다. 이는 심령치료의 분야이다' 하는 기본적 사고방식이 있다.

심령과학자는 예수 그리스도가 바리새인의 반신불수가 된

팔을 고쳐 주고, 장님과 벙어리를 고친 것은 심령치료의 가장 좋은 예라고 생각한다.

이런 사고방식은 가능성으로서 충분히 있을 수 있는 일이라고 생각한다. 그러면 우선 심령치료의 종류에 관해서 알아보기로 하자.

① 제령에 의한 방법
② 인연해제에 의한 방법
③ 영계의사에 의한 방법

그리고 심령치료에는 '접촉 치료'와 '손바닥 치료'라는게 있고, 저마다의 효력을 발휘하고 있다. 여기서 '심령치료'라 하기보다 좀더 크게 '심령과학'의 전제가 되어 있는 문제를 설명할까 한다. 이것을 모른다면 심령치료 그 자체가 믿거나 안믿거나를 떠나서 그것을 이해할 수 없다고 생각하기 때문이다.

인간의 몸은 '육체(肉體)'와 유체[幽體 : 엑토플라즘 = 영혼]가 서로 침투하여 이루어져 있으며, 독일의 라이프찌히 대학에선 그것을 실험하는 연구가 진행중이다. 그 때문에 뭔가 원인으로 유체에 부조화가 생기면 육체는 그 영향을 받아 병 증세가 나타나는 것이다.

이와 반대의 경우도 있다. 따라서 유체의 부조화를 고치면 육체의 부조(병)도 낫는 것이다. 이와 같은 병의 원인은 보통 사람의 눈에 보이지 않는 곳에 있지만 영시(靈視) 능력이 있는 심령치료사로선 그것이 뚜렷하게 보이는 것이다. 일부의 심령과학자는 이런 특수한 능력을 '제3의 시력'이라고 부른다.

심령치료를 알자면 이런 전제를 무시해선 안된다. 심령과학자는,

"진짜인 심령치료사는 먼저 영시(靈視), 영청(靈聽), 영감(靈感)에 의해 환자의 병 원인과 환부의 상태를 진단한다."
라고 지적하고 있으며 또한,

"현대 의학자는 치료사가 심령치료에 의해 모든 병을 고친다고 생각하고 있는 것처럼 오해하고 있다. 하지만 진짜 치료사는 심령진단의 결과 의학적 처치가 필요하다고 판단되면, 의사의 치료를 받도록 조언하고 있는 것이다."
라고 설명하면서 오해를 반박한다.

앞에 든 심령치료의 종류를 좀더 자세히 설명하겠다.

① 제령에 의한 방법

빙의령이 원인이 되고 있으며, 근대 의학으로 가능한 온갖 치료를 해도 낫지 않는 원인불명의 환자나 장기간 병상에 있는 환자로부터 그 빙의령을 제거하여 병을 고치는 방법이다. 이 방법일 경우, 원격치료도 할 수 있어 환자가 그 자리에 없어도 치료가 가능하다.

② 인연해제에 의한 방법

이것은 병의 원인인 악령이나 원령이 환자에게 들러붙어 있을 때 사용되는 것으로 제령법과 거의 같지만, 장기간 걸린다는 점과 환자의 관계자가 그 영을 달래는 일을 하지 않으면 안된다는 점이 다르다.

이상의 두가지는 흔히 말하는 '살풀이'나 '기도' 등의 방법인데, 일본이나 한국 등에서도 신앙(무속)치료, 민간치료로 널리 행해진다.

무당, 기도사, 영매 등이 이 경우에 '심령치료사'가 되는 셈인데 가짜도 꽤나 있기 때문에 사람들의 불신을 가져 오고 '미신'으로 인정되는 최대 원인이다. 그래서 나는 진짜 치료사를 알고 있으므로 유감으로 생각함과 동시에 가짜에 대해 강한 분노를 느끼지 않을 수 없다.

③ 영계의사에 의한 방법

이것은 환자 쪽이 아닌 치료 쪽의 사람으로서, 유명한 의사 혹은 영능력자로 고인이 된 영혼이 붙어 심령적으로 치료나 수술을 행하는 것이다. 또 영능력자가 영계의 특정한 의사에 부탁하여 환자를 치료할 수도 있는 것이다.

내가 여기서 다루는 것은 앞서의 두가지 신앙적인 치료가 아니고, 영계의사의 힘을 빌려 신비로운 심령치료를 하는 사람들이다.

미신적이고 비과학적이라고 흔히 일컬어지는 이런 심령치료가 가장 왕성한 곳은 놀랍게도 문명국가의 하나인 영국인 것이다.

영국의 켄트주 페이버드햄에 있는 심령치료협회엔 약 2천명의 심령치료사가 소속하고 있으며, 이 협회의 총재 해리 에드워즈씨는 그 제1인자로서 약 50년 동안에 그가 치료한 환자의 수는 대략적으로 수만명에 이른다고 한다.

또 이미 고인이 된 클리호드 로이드씨는 양어(고기 기르기)가 본업이었지만, 동시에 또한 아주 뛰어난 심령치료사였고, 그에겐 호푸스 플레이저 박사의 영이 붙어 있었다고 한다.

이야기는 좀 낡은 것이지만 심령치료를 말함에 있어 빼놓을 수 없는 사람이 미국에 있었다.

그는 바로 에드가 케이시로서 1910년 10월 10일의 뉴욕타임즈지는 다음과 같은 내용의 기사를 실었다.

— 의학계는 켄터키주 호프킨스빌의 에드가 케이시가 가진 신비로운 능력에 비상한 관심을 나타내고 있다. 그녀는 평소에 의학 지식이 전혀 없는데도 불구하고 반무의식 상태가 되면 난치병을 진단하는 능력을 갖고 있는 것이다. —

이 기사는 보스턴의 아메리카 의료연구협회에 보내진 보고를 기초로 씌어진 것이었다. 그것에 의하면 케이시의 이상한 능력은 어려서 부터 나타났고, 갖가지의 부상이나 병을 정확히 알아 맞추었다. 그는 시골학교의 9년 과정을 수료했고, 그 아버지는 치안판사였다.

케이시는 1901년 3월 이래 44년이나 계속된 기적적 일생을 우리에게 보여준 분이다. 그때 그는 의사가 아무리 치료해도 고칠 수 없는 목병에 걸렸다. 그래서 그는 레인이라는 최면술사의 힘을 빌려, 자기 최면에 의해 황홀상태가 되고 자기의 '이상한 병'을 진단했던 것이다.

이때부터 케이시에게는 각지로부터 난치병과 이상한 병으

로 고민하는 사람들이 몰려 왔다. 케이시는 항상 트란스 최면 상태로 환자의 증상을 들었다. 그러면 높은 교육과 경험을 나타내는 의학 용어로서 진단이 내려지고, 치료의 처방이 입에서 불러졌다.

케이시는 치료를 환자 집 근처의 의사에게 맡기고 싶어 했지만, 그럴 수 없는 경우도 있었다. 의사가 기묘한 예언과도 같은 처방을 인정하지 않든가, 환자가 자기 지역 의사를 신뢰하고 있지 않았기 때문이다. 그러자 케이시의 트란스 상태에서 나오는 처방은 간단한 것이 되었다. 양치질, 습포, 고약, 운동, 자가 제탕약, 강장제와 같은 것이 많아졌다.

케이시가 전문 의사와 충돌하여 상대편이 잘못되고 있음을 증명한 다음과 같은 사건이 있었다.

토머스 하우스 박사는 부인의 병 진단이 내려지지 않아 유명한 해거드 박사를 초빙했다. 해거드 박사는 부인의 병은 복

부 종양으로서 곧 수술이 필요하다고 진단했다. 그러나 부인은 케이시의 진단도 받고 싶다고 했다. 그의 진단은 해거드 박사나 다른 의사의 진단과는 전혀 달랐다.

"부인은 임신 중이고 변비가 심합니다. 따라서 수술은 하지 않아도 됩니다."

부인은 케이시의 진단을 믿고 치료를 받았다. 그리하여 몇 개월 후 하우스 2세가 탄생했다.

이 아기가 생후 4개월이 되었을 때 부인은 다시금 케이시를 불렀다. 아기는 20분마다 경련을 일으키고 있었다. 하우스 박사와 다른 의사는 앞으로 두 세시간이면 아기의 생명이 끊긴다고 보고 있었다. 케이시는 전혀 다른 진단을 내렸고, 아기는 살았으며 케이시보다도 더 장수했다.

케이시때문에 생명을 건진 사람들에 의해 많은 도움을 필요로 하는 사람들을 위한 병원이 설립되었다.

그의 트란스 상태인 진단에서 행해지는 치료 배후에 있는 원리는 항상 변함이 없었다. 즉 결과가 아니고, 원인을 치료하라, 몸 전체가 건강해지도록 하라, 그것이 병을 극복한다는 것이었다.

케이시는 적은 수입과 의학계의 반대, 그리고 피로도가 겹쳐 1945년 1월 3일 67세로 외길 일생을 마쳤다. 그의 일생 기록은 현재 버지니아 비치에 남겨져 있다.

케이시의 진단과 처방으로 난치병이나 이상한 병에서 건강을 회복한 사람은 약 2만 2천명이라고 기록에 남겨져 있다.

[필리핀의 심령치료사]

수도(手刀)로 환부를 절개한 블랑세

심령수술가로서의 블랑세의 특징은 환자의 신체에 닿는 일 없이 공중에서 수도를 휘두를 뿐으로서, 환부를 절개하는 일이다. 즉 메스 대신 손가락으로 직접 환자의 몸을 절개하지 않고 환부를 절개하는 것이다.

"50센티 정도〃시는 떨어져 있어도 벨 수 있다."

라고 블랑세 자신이 말한다. 또한 블랑세의 수많은 수술을 조사하러 갔던 모토야마 박사도 그의 이런 특이한 능력을 목격했다.

박사에 의하면 블랑세는 자기의 손뿐만 아니라 타인의 손으로도 뗄 수가 있다고 했다. 박사는 시험삼아 동행한 극동대학의 의학박사 손으로 실험해 보았더니, 블랑세는 그 박사의 손을 잡고 인형의 팔을 움직이듯이 환자의 피부를 향해 수도를 휘두르고 피부를 절개했다.

블랑세가 행한 수술은 현재까지 상당한 수에 이르고 있지만, 그 중에서 가장 대표적이고 증인도 있으며, 가장 신뢰할 수 있는 것을 하나 소개한다.

수술이 행해졌던 곳은 마닐라 근교의 야자나무가 우거진 패식이라는 조용한 마을이었다.

특별히 진료소라는 걸 갖고 있지 않은 그는 친누님 집의 5평 가량의 어두침침한 지하실을 수술실로 정했다.

"그럼 시작합시다. 자아, 이 베드에 누우세요."

수술을 받는 것은 데이빗 도마잭이라는 아홉살 난 아메리카 소년이었다. 소년은 2년 전 교통사고로 머리를 다쳤고, 그로부터 심한 후유증이 남아 언어장해와 두 시간마다 경련으로 시달리고 있었다.

소년의 아버지는 시카고에 사는 의사로서 직업상 온갖 치료를 받게 했었고, 미국 내의 유명한 병원 몇군데씩이나 입원시켜 보았다. 그러나 소년의 증상은 조금도 호전되지 않았고, 마지막으로 무엇에라도 매달려 보고자 마닐라에 사는 친지인 정신과 의사인 라모스씨의 소개로 블랑세를 찾게 되었던 것이다.

소년의 증상은 수술 직전에 마닐라 극동대학 신경과에서 뇌파 검사를 받은 결과 환부에 있는 뇌조직이 활동 능력을 완전히 잃고, 거의 사망 직전에 볼 수 있는 것과 같은 상태라는 소견이었다. 이렇듯 단 한번의 진단에 의해 곧 수술에 착수했다.

블랑세는 소년을 베드에 눕히자 성경을 받들고 꽤나 오랜 시간동안 기도를 올렸다. 그것이 끝나자 환부인 왼쪽 측두부(머리 옆부분)에 손을 대고 펼친 성경을 위로부터 씌우듯이 들었으며, 이번엔 조수에게 성경을 들게 하여 합장했다.

블랑세에 있어서도 꽤 어려운 수술이었으리라. 정신 집중의 싸움이 계속되었다. 이윽고 블랑세는 데이빗 소년의 금발을 헤치고 피부를 드러내게 하자 30센티쯤 떨어진 공간에서 수도를 휙 휘둘렀다. 소년 머리의 피부에 5센티 가량의 면도칼을 그은 듯한 상처 자국이 났다.

블랑세는 그 상처 자국을 손가락으로 가볍게 누르고 있었는데 이윽고 빨간 왁스 모양의 것을 상처로부터 조용히 끄집어냈다. 소년은 그동안 조금도 아픔을 느끼지 않는 모양이었다.

블랑세는 계속 상처 자국을 눌렀다. 그러면서 머리를 긁어올리듯이 하며 손가락을 움직이든가 멈추든가 하고 있었다. 겨우 긴장된 얼굴을 누그러뜨렸다. 수술이 끝났던 것이다. 너무나도 간단하고 싱거운 수술이었다. 허지만 상처 자국은 보통 외과수술과 마찬가지로 엄연히 남아 있었다.

이 수술을 처음부터 자세히 관찰한 모토야마 박사는 다음과 같이 말했다.

"나는 지금까지 다른 심령치료사들의 수술을 몇번 보았기 때문에 심령수술을 신뢰할 수 있다고 확신한다. 하지만 블랑세의 수술은 나에게 또 새로운 눈을 뜨게 해주었다. 저 떨어진 곳에서 피부를 절개하는 기술, 그리하여 많은 피를 흘리지 않고 체내로부터 환부를 쥐어짜는 그 기술은 어느 것이나 매우 고도의 기술이었고, 화려함은 없지만 다른 누구보다도 뛰어났다고 생각했다."

모토야마 박사는 데이빗 소년의 머리로부터 꺼내진 오물을 표본으로 만들어 갖고 돌아와 마닐라의 극동대학에서 그것이 분명히 인체의 세포 일부분이라는 증명을 얻는 것을 잊지 않았다. 블랑세의 수술이 실제로 행해진 것은 의학적으로도 확인된 셈이다.

그렇다면 블랑세는 어떻게 하여 심령치료의 능력을 몸에 지닐 수 있었던 것일까?

그는 마닐라로부터 버스로 10여 시간쯤 떨어진 곳에 있는 바리오다라는 산들로 둘러쌓인 조용한 마을에서 빈농의 아들로 태어났다. 어렸을 적부터 특별히 신앙심이 깊었고, 15세 무렵에는 그가 다니던 교회의 부지부장 자리가 주어졌다.

어느날 밤 그의 머리맡에 예수의 모습이 나타났다. 예수는 이렇게 계시했다.

'블랑세여, 산에 가서 수도를 해라. 너는 사람들을 구제하기 위해 이 세상에 태어난 것이다!'

이 계시를 받은 날부터 블랑세는 부근의 산속에 들어갔고 10일, 어떤 때는 45일간 단식 수도를 했다. 그리고 2년쯤 뒤에는 수도하던 동료들과 같이 영매인 장로 앞에 고개를 숙이고 있었다. 정말로 심령수술사가 될 수 있는가의 테스트였다.

그는 엄숙히 한 사람 한 사람 수도자 미간(눈썹 사이)에 손을 대고 기도를 했다. 마침내 블랑세 차례가 돌아왔다. 그는 긴장한 나머지 덜덜 떨고 있었다. 그런데 긴장감은 장로의 손이 머리에 닿자 최고조에 이르렀고, 그는 정신을 잃고 그 자리에서 쓰러지고 말았다. 그 때의 광경을 그는 이렇게 말했다.

"그 순간 느닷없이 천둥벼락과도 같은 빛이 보이고, 몸에 강한 에네르기가 충만해지는 것을 느꼈습니다. 순간 지면이

빙그르르 돌면서 뭐가 뭔지 모르게 되고 말았어요. 얼마동안 정신을 잃고 있었는지도 모릅니다. 장로님이 쓰러진 나를 응시하면서 '이 사람은 훌륭한 심령수술사가 될 수 있다'고 말했음을 동료로부터 나중에 들었습니다. 하지만 나는 이 환각의 잠에서 깨어나고서도 4년간 몽유병자와 같은 생활을 계속하고 있었습니다. 자기가 아닌 자기가 살고 있다는 느낌이었지요. 머리의 안개가 활짝 개이고, 활력이 되살아난 것은 꼭 스무살이 되었을 때입니다."

이때부터 블랑세는 환자의 수술을 시작했던 것이다. 왜 자기의 손에 걸렸다 하면 불치, 난치라 일컬어지는 병이 금방 낫는지 도무지 의식한 적은 없었다고 한다. 그야말로 신이 그 손을 움직여 주고 있다고 밖에 할 수가 없기 때문이다.

"그렇습니다. 내 자신 아무것도 모른채로 해왔으니까요."

블랑세가 능력을 얻은지 20여년이나 되건만 신의 계시 그대로 현재도 가난한 마을의 환자들을 찾아다니며 지금껏 헌신적인 봉사를 계속하고 있다.

이 일 자체도 그의 심령수술 능력이 종교적 동기와 체험으로부터 출발하고 있다는 걸로 설명되지만, 여기서 한가지 더 블랑세의 특이성을 든다면 그의 출신지는 방가시난현이 아니라는 점이다.

유명한 토니를 비롯하여 필리핀의 심령치료사의 90% 이상이 방가시난현 출신인 것이다. 이점은 심령치료 능력이 어쩌면 지역의 환경에 관계가 있는게 아닌가 하는 일부 심령과학자들의 추측을 뒤엎는 것이다.

데이빗 소년의 뇌수술과 관련하여 또 한 사람의 심령수술사를 소개하겠다.

데이빗 소년은 블랑세에게 수술을 받은 뒤 다시 한번 확인코저 다른 심령수술사의 수술을 받았다. 그것은 두개골 절개라는 현대의학으로서도 가장 어렵다고 하는 수술이다.

소년의 아버지 도마젝씨가 모토야마 박사에게 알려온 이야기에 의하면 다음과 같다.

마닐라 북쪽에 있는 휴양도시 바기오에 있는 심령수술사 곤잘레스를 방문하자, 그는 느닷없이 절개수술을 한다고 말하면서, 베드에 누운 데이빗 소년의 머리 둘레를 자기의 손가락으로 머리띠를 그리듯이 일주했다.

그러자 두개골이 쉽게 잘리고 우측 두부의 껍질을 열어젖히더니 잠시 안을 들여다 보더니 다시 덮어 버렸다. 소요된 시간은 단 2, 3분이었다. 절단된 부분은 손바닥으로 주위를 눌렀을 뿐인데 다시 붙고 말았다고 한다.

다음 날 다시 두개골을 연 곤잘레스는 뇌 속에서 백색의 섬유 부분과 회백색의 수질(髓質)을 꺼냈다. 시간은 약 10분 정도 소요되었다. 하지만 마취도 메스도 전혀 사용하지 않았다. 병원에서 이같은 수술을 했다면 최소 14~5시간은 걸렸을 것이다.

"입회한 아버지의 말뿐으로서 나는 그 수술을 본 것은 아니지만…"

모토야마 박사는 그렇게 전제하고서 다음과 같이 말했다.

"소년의 뇌파검사 결과는 매우 좋아지고 있습니다. 곤잘레스의 수술 후 3일만에 마닐라 극동대학 뇌신경과 뇌파 주임 교수에 의해 검사한 결과는 이상파가 발견되고, 환자의 뇌 활동은 극히 낮은 사망 직전에 볼수 있는 상태를 나타내고 있었지요. 그런데 그로부터 1주일 뒤 부자가 내 병원에 들렀을 때의 내 검사로서는 죽은 듯한 뇌파 활동에서 깊은 수면중인 때와 같은 상태에로, 약간 양호한 쪽으로 향하고 있음을 알았습니다. 증상으로서는 극동대학 검사시는 1시간에 2~3회나 발작을 일으키고 있었지만 내 병원에 있던 5시간 중 발작은 한 번도 일으키지 않았고, 더욱이 2년간이나 복용해 온 약도 먹고 있지 않았다고 합니다. 말도 빠른 투로 지껄이기 시작했으며, 이런 상태라면 60~70%는 완치될 희망을 가질 수 있다고 생각됩니다.

[브라질의 심령치료사]

제3의 시력을 가진 '알리고'

브라질은 필리핀이나 아프리카와 더불어 세계에서 가장 심령치료가 왕성한 나라라고 할만하다. 세계적으로 유명한 알리고를 비롯하여 베로 쥬레이머 부인 등 알려진 사람들이 많다.

다행히도 나는 몇번인가 브라질에 건너가 그들을 직접 취재하고 관찰할 기회를 얻었지만, 브라질 심령치료의 가장 큰 특징은 빙의령에 의한 치료라는 점이다.

토니나 블랑세 등 필리핀의 심령치료는 무언가의 의미로서 종교적 체험에서 출발하고 있으며, 그들은 한결같이 예수 그리스도의 힘이라고 일컫는다.

그런데 브라질의 심령치료는 어떤 개인에게 지금은 이미 죽은 의사나 과학자의 영이 들러붙고, 그런 영의 능력으로써 치료하는 것이었다. 그러므로 필리핀의 심령치료가 어떠한 종류의 병이든지 고치는데 비해 브라질의 치료사들은 그 장기(長技)가 뚜렷하다.

예를 들어 빙의령이 외과의라면 외과적 치료는 할 수 있지만 내과적 치료는 할 수 없는 것이다. 그 점이 필리핀의 심령치료보다 보다 합리적이고 과학적이라고 하겠다.

심령치료라는 비합리적인 현상을 규명할 경우 '영'은 간과할 수 없는 커다란 요인이다. 물론 이 경우에 말하는 '영'이란 심령과학에서 사용하는 '영'이고 혼이니 마음이니 하는 의미는 아니다.

이런 관점에서도 브라질의 심령치료는 그 구성이 논리적이고, 필리핀이나 아프리카에서의 심령치료가 극히 원시종교적 발상인데 비해 오히려 문명 속에서 필연적으로 발생한 '비과학의 과학'과 같은 인상마저 준다. 그런 의미로서 심령치료를 규명하고자 하는 자로서 이쪽이 훨씬 이해하기 쉽지 않을까 생각된다.

알리고에 관해선 브라질 국내에서만도 10여권 가까운 책들이 출판되고 있으며, 수술 현장의 텔레비전 중계도 몇 번인가 있었으며, 서독, 아메리카, 아르헨티나, 일본 등에서도 TV로 소개되어 세계적으로 유명하다.

나는 이 심령수술사 알리고를 두 번에 걸쳐 취재하고 있지만, 나에게 취재를 결정케 한 것은 다음에 드는 두편의 논문 때문이었다.

그 하나는 상파울로의 신문에 실린 것으로서 다음과 같은 내용이다.

— 독일의 의사 아돌프 프리츠[심령치료사 일리고에 합체되고

있는 영계의 의사]는 병자의 오러[영기 : 인간의 마음에 있는 것으로서 영혼과 같은 것이고, 그것이 그 사람의 내부에 있는 것을 나타낸다]를 통해 사람들의 병을 발견할 수가 있다.

이렇게 풀이해도 심령치료를 조사, 연구를 하지 않은 사람들은 당연히 이 아돌프 프리츠의 설명은 납득되지 않을지도 모른다.

그 위에 프리츠 박사는 '오러의 그림자가 희미할 때는 이미 손쓸 도리가 없다. 이때는 이미 마지막이다'고 병자가 가망없을 때를 설명하고 있다. 이같은 프리츠 박사의 말의 진실성에 관해 티벳의 의사 로브상 람파는 다음과 같이 말하고 있다.

"나는 태어났을 적부터 인간의 속알맹이를 본다는 능력이 갖추어져 있었다. 저마다의 인간은 자기 자신의 둘레에 오러를 갖고 있는 법이다. 그와 같은 오러는 온갖 사고의 변화 및 건강 상태의 변화와 지적 혹은 정신적인 상태를 나타낸다. 이 오러라는 것은 인간의 내적 정신에 의해 나타나는 빛이다. 그리하여 그 빛은 3~5센티의 두께이다. 그런 빛이 온몸을 둘러싸고 있는 것이다. 그것이 우리들이 말하는 전기적인 몸이라는 것이고, 그것은 몸 전체의 가장 내부를 구성하고 있는 것이다. 그리하여 그것은 영적인 세계와 물리적인 세계 사이에 연결이 되어 있는 것이다.

그 청색의 광도(光度)는 그 사람의 건강상태에 따라 변화한다. 오러는 극심하게 변화된다. 또한 그것은 그 사람의 진보상태 및 그 사람이 갖고 있는 지적 수준이나 교육, 사고에 의해서도 변화되는 것이다.

인간의 오러는 비록 그 크기가 어떠하든 갖가지 빛의 고리를 구성하고 있다. 그 빛은 마치 어스름 때 하늘에 흐르고 있는 아지랑이처럼 신체에는 특별한 조운(띠)이 있고, 각각이 조운이 독자적 색깔에 의해 수령으로 구성된다. 그리하여 그 오러는 신체 전체의 둘레에 존재하는 것이다. 손의 둘레나 발의 주위까지 있다. 이것은 내가 늘 본 것이었고, 옛날의 사람들, 우리들의 조상도 당연한 일이지만 오러를 보았었다. 왜냐하면 그들은 그런 오러를 이미지로 그릴줄 알았다. 그것은 성인의 그림이나 상(像)에 나타나 있는 것이다."

'제3의 눈'을 가진 사내라고 불리는 람파는 다시 말했다.

"색깔 내지 색깔의 조운을 보고, 그들은 사람들이 고뇌하는 병을 정확히 발견할 수가 있는 것이다. 더욱이 그런 병이 신체에 나타나기 이전에 발견할 수 있다. 왜냐하면 오러는 암, 폐결핵 및 그밖의 온갖 병 징후를 나타내며, 더욱이 그것은 신체에 나타나기 수개월 전에 나타나는 것이다."

알리고에게 간 사람은 람파의 이런 말이 얼마나 옳은가를 알게 된다. 병으로 고민하는 부인이 남편과 함께 알리고에게로 갔다.

이 부부가 알리고 앞에 섰을 때, 프리츠 박사는 부부를 응시하고 무언가 쓰기 시작했다. 부인이 그 처방전을 받으려고 손을 내밀었을 때 프리츠 박사는 말했다.

"이것은 당신의 것이 아닙니다. 당신 남편의 것입니다. 남편께서는 당신보다 훨씬 중태입니다."

남편은 깜짝 놀라고 그 진단에 반발했다. 그에겐 아무런 자

각증상도 없었던 것이다. 성난 남편은 마침내 처방전을 찢어 버리고,

'이 엉터리 사기꾼아, 이제 두 번 다시 오지 않겠다.'

라고 욕을 하고 가버렸다. 하지만 6개월 뒤 그 사내는 알리고가 말한대로 위암으로 죽었다. 이것은 '제3의 눈'이 환사의 오러를 영시(靈視)하고 진단을 내린 한 예이지만, 알리고는 만사가 이러한 것이다.

다음에 소개하는 아르헨티나의 '초자연현상' 연구 단체의 기관지에 발표된 '주필'이라고 서명이 된 논문이다.

— 그날 알리고에게는 멀리 떨어진 주로부터 서너명의 의사가 와 있었다. 알리고를 통해 영계의사 프리츠에게 의논하고 싶다고 생각하는 많은 사람들 중에 먼 곳에서 온 한 사내가 있었다.

사내는 암에 걸려 있었다. 보통의 의사로선 그 치료를 할 수 없었으므로 치료 방법을 찾고 있었던 것이다. 프리츠 박사의 진단도 암이었다.

알리고는 수술을 준비했다. 수술을 하지 않으면 그 병자는 살수가 없는 것이다. 나무 바닥에 몇 장의 헌 신문지가 깔리고 사내는 배를 깔고 엎드렸다.

남자의 옆에 헌 빈 깡통, 가위, 나이프 등의 수술 용구가 놓여졌다. 의사와 다른 환자들은 숨을 죽이고 주의깊게 수술을 지켜 보았다.

알리고는 단단히 나이프를 움켜잡고 병자의 복부를 세로로

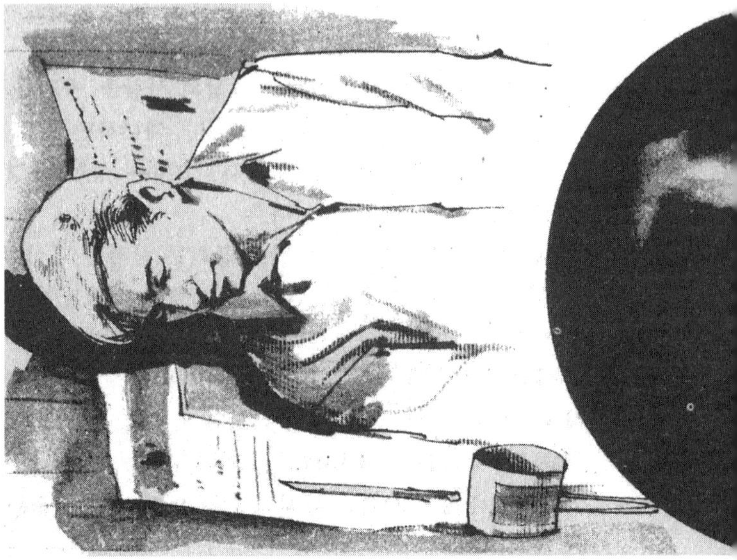

갈랐다. 병자에겐 아무런 마취도 하지 않았고, 수술 기구를 소독도 않고서 말이다. 큰 상처가 생기고 이어서 당연한 것처럼 피가 나왔다. 알리고가 외쳤다.

'하나님! 피는 싫어요!'

그러자 이상하게도 출혈은 곧 멎었다. 알리고는 입을 벌린 상처로부터 손을 집어넣고 안쪽에서 그 손을 움직이기 시작했다. 손가락으로 무언가를 찾고 있는 모양이었다. 의사들은 알리고의 기묘한 행동을 주의깊게 눈으로 추적했다. 그것은 수시간 이어졌다. 그리고 알리고는 사내의 체내에서 무언가를 꺼냈다. 그것은 절맥(節脈)과 혈관으로 가득한 구[球 : 살덩이일까?]였었다. 이 덩어리 끝은 뾰족한 것이 일종의 '눈' 혹은 '부리'를 갖고 있는 것만 같았다. 그것은 탁구 공만한 크기였

었다.

알리고는 손바닥을 벌려 그 공을 의사들에게 보이고 조사해 달라고 부탁했다.

"이것이 무엇인지 알겠습니까? 잘 조사해 보세요."

의사들은 그것을 조사했다. 그리하여 같은 의견에 도달했다.

'이것은 바로 암이다.'

의사들은 그것을 조사했다. 그리하여 같은 의견에 도달했다.

'이것은 바로 암이다!'

그러자 영계의사 프리츠가 이런 의사들을 비웃듯이 대답했다.

"모두들 바보다. 이 세상의 의학은 몹시 뒤지고 있어. 그러므로 자네들은 수술을 하지만 그 뒤 환자가 죽어버리는 거야.

이것은 암세포가 아니야. 그저 한낱 암 활동의 근원(배양균)이고 암의 먹이다. 암은 이걸로서 키워지고 그것에서 먹이를 보급받는 것일세.”

알리고는 그렇게 말하면서 손을 다시금 병자의 체내에 넣고 손가락을 원형으로 그리듯이 움직이기 시작했다. 그런 동작은 오랫동안 계속되었다. 그리하여 일종의 내장과 같은 것을 손가락으로 움켜 냈다. 그것은 굵은 끈과 같은 것으로서 길이가 15센티쯤 되었다. 이 창자는 흰빛을 띠고 있었고, 마치 지렁이처럼 움직였다. 생명이 있는 것처럼 보였다.

알리고는 손끝으로 그것을 움켜쥐고 의사들에게 내밀며 엄숙하게 말했다.

“알고 있습니까? 이것이 암이지요. 지금까지 이것을 본적이 있습니까?”

세계의 과학을 대표하는 의사들은 놀라며 지금껏 한번도 이것과 같은 것을 본적이 없다고 대답했다.

“그럴테죠. 이것이 병자를 죽음에 이르게 하는 것입니다. 당신들 의사는 ‘암의 배양균’을 수술하고 그뒤 병자를 죽게 만드는 진짜 암은 체내에 그대로 남겨 두는 것입니다. 이것이야말로 암의 정체입니다.”

의사들은 경악하고 있었다.

“연구소에서 조사하기 위해 이것을 갖고 가십시오.”

알리고는 그 창자를 의사들에게 제공했다. 바닥에선 의식이 또렷한 병자가 개복(開腹)된 채로 대화를 듣고 있었다.

알리고는 환자가 있는 데로 돌아왔다. 오른손으로 양쪽의 벤자국 끝을 잡고, 그 상처를 여미듯이 붙여 맞추었다. 천천히 아래로부터 위쪽으로 손가락을 미끄러뜨렸다. 그것과 동시에 상처가 아물도록 신에게 기도를 했다.

이윽고 모두가 지켜보는 눈 앞에서 살과 살이 빈틈없이 접착했나. 마력에 의하거나 하늣이 본래로 되돌아갔던 것이다. 다만 세로로 한가닥의 선과 같은 자국만이 개복 수술의 증거로서 남아있는 것이었다.

알리고는 싱긋하면서 환자의 복부를 톡톡 두들기고 말했다.

"이제 돌아가도 된다. 뛰어도 좋다."

환자는 일어나자 두 번 껑충 뛰어 보였다. 처음엔 아주 불안하듯이. 두번째는 기쁜듯이.

의사들은 다시 한번 환자의 수술 자국을 조사했다. 만일 이것이 중세기의 일이었다면 알리고는 틀림없이 마법사로서 화형을 당하고 말았으리라.

인간의 과학은 혼란스럽고 말리라. 왜냐하면 인간의 과학은 신 앞에 있어서는 어리석은 짓에 지나지 않기 때문이다.

이상의 두가지 논문으로서 대충 알았다고 생각되지만, 심령치료사 알리고는 브라질 미나스주 캄보스시에 살고 있었다.

알리고엔 독일인 프리츠, 프랑스인 삐에르라는 영계의사가 붙어 있었고, 그 중에서도 프리츠 박사의 영이 강하며, 대부분의 치료나 수술은 이 프리츠 박사의 힘으로 하고 있었다. 이 프리츠 박사는 제1차 세계대전으로 죽은 사람인데, 경력은 확실치가 않다.

심령치료사가 된지 약 20여년, 알리고에겐 아무런 박해가 없었던 것도 아니다. 그의 본업은 레몬 과수원 주인이었지만 기적적인 능력이 몸에 붙어 봉사로 치료를 시작했으며, 매일 수백명의 환자가 몰려들자 인근 의사들이 '법률 위반'으로 떠들기 시작했다.

치료를 받은 환자로 부터는 아무런 고발도 없었지만, 알리고는 세 번이나 감옥에 갔다. 그런데 전 대통령의 가족이 원인 불명의 병에 걸렸을 때 알리고가 그 병을 고쳐 줌으로서 석방되었고, 그 뒤로부터 공공연히 활동할 수 있게 되었는데 지금은 극소수의 의사들을 제외하고는 알리고의 능력을 인정하고 있다.

나는 많은 수수께끼를 간직한 이런 심령치료사들을 내 눈으로 직접 확인하고, 되도록이면 체험해 보리라 마음먹고서 브라질로 건너 갔다.

4월 22일, 알리고의 집을 방문하자, 집밖에 대충 3백여명, 그리고 대합실에 1백여명의 환자가 대기하고 있었다. 환자 중에는 파라과이에서 치료를 받으러 왔다는 여성도 있었다.

그 여성은 유방암과 피부암에 걸려 있어 파라과이의 병원에선 죽음을 선고받았다. 여성은 알리고로부터 유방암 수술을 세 번 받아 거의 완전 치유가 되었고, 피부암도 앞으로 1개월 정도만 치료를 받으면 완치될 가망이 있다며 기쁜듯이 말했다.

나는 치료실을 기웃거려 보았다. 환자는 거의 묵묵히 알리고 앞에 서서 알리고로부터 처방전을 받고 있었다. 알리고가 프리츠의 영력으로 쓰는 처방전의 글씨는 포루투갈어도 독일어도 아니고, 일종의 영문자 같은 것으로서, 알리고의 후계자로서 영계의사로부터 지명된 고메스라는 조수밖에 읽지 못하는 것이다.

환자들은 고메스를 통해 누구라도 읽을 수 있는 포르투갈어의 처방전으로 바꾸어 써 받고 있었다.

소개가 끝나자 알리고는 나의 요구를 쾌히 응낙했고, 나의 오른 발에 생겨 있는 십원짜리 동전 크기의 티눈을 수술해 준다고 자청해서 말했다. 나의 티눈은 완고한 악성의 것으로, 이제껏 세번이나 병원에 입원하여 수술했지만 완치되지 않은 커다란 게 두 개나 있었다.

심령치료를 체험할 수 있는 기쁨과 역시 일말의 불안감을 갖고서 그의 앞에 앉자, 알리고의 굵은 손가락이 느닷없이 티눈을 강하게 압박했다. 나는 그 아픔으로 비명을 질렀고 비지

땀이 흘렀다. 그러나 알리고가 손을 잡은 고풍스런 메스가 티눈을 찌른 순간 이상하게도 전혀 아픔을 느끼지 않았고, 마취주사를 맞았을 때처럼 무겁고 나른한 느낌이 들 뿐이었다.

티눈은 도려내지고 베어내져 갔지만, 조금도 아픔은 없었다. 오히려 기분이 좋을 정도였었다. 더욱이 한방울의 피도 나오지 않았다.

두 개의 티눈을 자르는 수술은 겨우 38초로 끝났다. 끝남과 동시에 구두를 신도록 하고 걸어보라고 했다. 수술 후 그곳에 체중을 실음으로써 느껴지던 그 따끔하게 쏘는 아픔이 전혀 느껴지지 않았다.

이리하여 나는 자기 자신의 인체 실험에 의해 내가 관찰한 바에 의하면 적어도 아무런 속임수도 없는 심령치료임을 알 수가 있었던 것이다. 그러나 나는 그래도 불안했으므로 심령치료사 알리고에 대한 브라질 사람들의 평가를 1백명의 사람들에게 물어 보았다. 진짜＝62명, 가짜＝9명 모른다＝29명

이 1백명의 내역은 의사, 물리학자, 문학가, 대학생 등으로서 부정적 이유로선 '이 세상에 영 따위는 존재하지 않는다. 따라서 심령치료라는 것은 있을 수 없다'는게 태반이었고, '무지한 인간이 트릭에 넘어간 것'이라는 의견도 꽤나 있었다.

이런 의견은 아마도 브라질뿐만 아니라 전세계의 심령치료를 믿지 않는 사람들의 대표적인 의견이라 생각되지만, 여기서 브라질의 헤르벨고도이 박사의 견해를 소개하겠다.

"나는 '영계의사'라는 점에 관해서는 아직도 충분히 몰라 앞으로의 연구 테에마에 넣어 두고 싶지만, 알리고가 하고 있는 수술이나 처방은 의사로서 보아도 훌륭한 것이다. 그것은 아무런 과실도 없고, 수술은 우리들보다 빠르고도 정확하다. 심령수술에 관해선 아직도 이러쿵 저러쿵 말하는 사람들이 있다. 이것이 전면적으로 신뢰되기 까지는 상당한 시간이 걸릴 것이라고 본다. 근대의학과 심령치료는 상반되는 것이라고는 하지만 장래에는 양자가 힘을 합해 상호간 좋은 점을 틀림없이 받아들이게 될 것이라고 나는 생각한다."

알리고는 20여년 동안 10만여 명의 환자에게 심령수술을 하고 있지만, 이들 환자로부터 감사를 받고 있을망정 원망을 받거나 고소를 당한적은 한번도 없다.

이 점에서 필리핀의 심령치료와는 크게 다르다. 또 하나의 다른 점은 알리고는 아무리 대수술을 해도 환자로부터 단 한 푼의 보수도 받지 않는다는 점이다.

환자로부터 아무런 항의도 없다는 것은 병이 적어도 이전보다 악화된 자가 없다는 증거가 아닐까? 나 자신 그가 잘라낸 티눈은 좋아지고 있을망정 나빠지지는 않았다.

아르헨티나의 전 상원의원인 이우다 비네다 부인도 알리고로부터 피부암과 위암, 뇌일혈 수술을 받았는데 죽음이 선고된 인간이라고 생각되지 않을 만큼 건강을 되찾고 생활하고 있다.

[브라질의 심령치료사]

신의 영에게 빙의된 켈레오사 치료사

알리고의 경우 과거에 실재한 의학자의 영(靈)이 들러붙은 예이지만, 마린네로는 이를테면 가공의 존재인 '선원의 신'이 빙의하고 있다는 점에서 흥미롭다.

참고로 '마린네로'는 브라질어로 '선원의 신'을 뜻하며, 이 여성 치료사의 본명이라 하기 보다도 실제의 이름은 '도나 켈레오사'라고 한다.

마린네로는 현재 브라질에서 듀레머와 더불어 가장 유명한 여성 심령치료사이고, 그 평가도 매우 높은 것으로 알려졌다.

그녀에게 심령 치료의 능력이 갖추어진 것은 그리 오래된 일은 아니었다. 1975년이라고 하니까 지금부터 30여년 전의 일이다.

19세였던 도나 켈레오사는 책상 앞에 앉아 전표를 정리하다가 돌연 정신을 잃고 그 자리에 쓰러졌다. 얼마후 저절로 의식을 되찾았을 때 그녀는 평소의 태도와는 다른 투로 말했다.

"나는 마린네로다. 나는 마린네로…"

사람들은 당연히 그녀의 정신에 이상이 생겼다고 생각했지만, 확실히 까무러치고 있는 짧은 동안에 이상이 발생했던 것이다.

가공의 존재인 신(神)의 영(靈)이라는게 있는지, 없는지를 별개로 하고서, 이 순간 마린네로가 그녀에게 빙의되었다고 생각된다. 그것은 또 신, 그 자체를 하나의 영적 존재라고 생각한다면 반드시 있을 수 없는 일이라고 단언할 수도 없다. 그러나 그녀의 경우 마린네로가 빙의하고서 상당히 시간이 지난 뒤 심령치료의 능력이 나타나고 있었다.

마린네로가 의술이 과연 신(神)과 관계가 있는지 어떤지는 분명치가 않지만, 어쨌든 며칠 뒤 지나가던 남성에게,

"당신의 위장은 문드러져 있습니다. 의사에게 보이지 않으

면 큰일을 치르겠군요.”
라고 알아 맞추어 사람들을 놀라게 했다. ‘영시(靈視)’의 능력이었다. 이 사건이 있은 후 마린네로의 이름은 알려지기 시작했고, 곧이어 심령수술도 행해졌다.

그녀의 수술 방법은 알리고와는 날리 수술 기구를 일체 사용하지 않았다. 환부를 알콜로 소독하고, 정신 통일을 하면서 환부에 손가락을 대거나 혹은 필요할 때 손가락으로 환부를 찔렀다. 물론 고통도 없거니와 출혈도 없고 상처 자국도 남지 않았다.

나는 이 마린네로의 심령치료를 취재하러 갔다가 때마침 관찰하게 된 상파울로에 사는 일본계 2세의 수술 광경을 목격한 적이 있다.

이름은 하라 히데꼬로서 30세의 여자였다. 그녀를 따라 온 어머니에게 동포의 친밀감으로서 여러 가지로 들은 바에 의하면 히데꼬는 악성의 자궁암으로 상파울로의 병원에선 ‘시기를 놓쳤다’고 의사로부터 절망적인 말을 들었다고 한다.

마린네로의 평판은 전부터 익히 알고 있었지만, 역시 그녀의 치료를 받으러 오기까지는 상당히 주저했던 모양이다. 그러나 혹시나 하는 요행을 바라는 마음으로 찾아왔던 것이다.

거의 움직이지도 못한채 베드에 누워 있는 히데꼬를 눈앞에 두고 미모의 심령치료사인 마린네로는 말없이 환자의 하복부를 옥도정기와 옥시풀을 배합한 그녀만의 독특한 소독액으로 닦고, 오른손의 집계와 가운데 손가락으로 자궁 위 언저리를 지그시 눌렀고, 이윽고 그 위에 십자가를 그었다.

SUGIYAMA

보통의 환자 치료라면 그걸로서 끝이라고 하는데, 일본인인 내가 취재를 하고 있던 탓인지 마린네로는 히데꼬에게 특별 치료를 해주었다.

10분마다 2분씩의 치료를 했다. 그 때문에 기다리게 했던 오전 접수의 130명 가량의 환자를 오후로 돌렸고, 오후의 접수를 중지까지 했다.

그 날부터 히데꼬는 어머니의 부축을 받아가며 매일 마린네로한테 치료를 받았다. 나는 치료가 오래 걸리는 것에 마음을 쓰면서도 3일, 5일, 1주일마다 추적 조사를 했다.

마린네로의 치료는 도무지 똑같았다. 하지만 히데꼬의 병세는 보통 사람 눈으로도 낫아가고 있음을 알 수 있었다.

얼굴에 핏기가 돌고 아픔이 누그러진 데다가 다리의 부기도 빠졌다. 그리하여 19일째 나는 믿어지지 않는 광경을 목격했다. 히데꼬가 혼자서 걸어 마린네로의 집에 치료를 받으러 왔던 것이다.

나는 귀국때문에 히데꼬의 병상은 치료후 32일째까지 밖에 추적할 수가 없었지만, 적어도 32일간의 경과는 반은 죽은 상태였던 히데꼬가 삶을 되찾고 조금씩 원기를 회복해 갔다.

히데꼬의 경우 이른바 외과적 수술은 하지 않았지만, 마린네로는 심장병 수술까지 손댄 적이 있는 모양이다. 물론 환자는 완치되었다. 그후 심장병의 권위자가 진단한 바에 의하면, 그 수술 방법은 현대의학으로 보아도 완벽할 정도로 정확했다고 한다.

[브라질의 영매자]

영(靈)의 물질화를 실현한 '베로'

영매자인 베로는 어떤 기회에 브라질에서 아주 유명해졌다. 여기 저기서 커다란 반향을 일으킨 핀다모낭가바라는 곳에서의 수술에 의해서였다.

수술 전 X선 촬영에 의해 의사들로부터 입증된 맹장염의 수술을 영매력(靈媒力)으로 해냈던 것이다. 수술이 행해짐과 동시에 브라질의 신문에선 찬반론이 벌어졌고, 영매자 베로의 이름은 모든 신문에서 대서특필되었다.

— 그에 의해 숱한 영의 물질화가 이루어졌다. 그리하여 이 세상의 온갖 현상과 마찬가지로 불명(不明)이고 잊혀졌던 생명을 되살아나게 한 영매자로서 그는 주목을 받게 되었다. 어떤 방법인가에 의해 그도 영에 관한 사물을 연구한 우리들 역사가들이 걸어온 길을 걷게 되리라. 20년 이상이나 영적 사실에 관한 재료를 모으고 있었던 까닭에 우리들은 베로에 대해 비상한 관심을 갖게 되었다. 그리하여 베로와는 영매에 관한

문제를 떠나고서도 좋은 벗이 되었다.

그는 아주 선량한 사람이고 남을 잘 돌봐준다. 그리고 그는 우리와 같은 지역에 살고 있으며, 도우토라가도 변에서 벌꿀 판매와 생산에 종사하고 있다. 우리들은 아주 사이좋은 친구였다. 나는 그의 영매력을 배우고자 힘썼고, 나로서도 망인(亡人)을 소생시킬 수가 있지 않을까 하는 희망을 갖고 있었다. 결국 해도 헛일이라는 결론에 도달했다.

그에 관해선 여러 말이 있고, 그리하여 그를 비난하는 자도 있다. 그렇지만 우리들은 그에게서 진실성을 찾아냈던 것이다. 영매에 관한 공부를 하는 것을 늘 걱정하고 있었으므로 우리들은 베로에게 만일의 경우 우리들이 연구하거나 사용할 수 있도록 그가 갖고 있는 자료를 제공해 달라고 부탁했다. 그리하여 우리들은 마라자 데 카펠타라의 사진을 발견할 수 있었다. 이것은 특수한 것이다.

특수하다는 것은 다음과 같은 이유에서이다. 유명한 의사 칼바로 박사에 의해 날이 밝은 아침 9시에 촬영된 사진이기 때문이다.

영매자 베로는 책상이 있는 곳에 앉아 있었다. 그의 배후엔 라울기 자르드 박사에 의해 카펠타라와 동일 인물이라고 증명된 하나의 그림자가 나타났다.

우리들한테 준 쪽지에 의하면 사진에 관한 설명은 다음과 같다. 영매자로서 베로가 활동하던 1948년 어느 날 아침 햇빛 속에서 사진은 촬영되었다. 그리고 거기에는 다음과 같은 입회자들이 있었다. 칼바료 박사, 그는 코티아 산업협동조합의

외과 의사이고, 사진은 이 사람이 촬영한 것이다. 실업가인 간보르제씨는 이 지역에서 잘 알려져 있는 기자르 박사, 경찰의 검사관인 프란시스코, 오즈왈드, 오리베일라씨 등.

카메라는 롤라이 플레스였다. 그 영은 기자르 박사에 의해 카펠타라와 동일하다는게 증명되었다. 이러한 것들이 칼바료 박사에 의해 보고되었던 것이다. 그는 몇년에 걸쳐 베로의 영매력을 연구한 사람이었다. 그리하여 아래와 같이 말했다.

"정신화는 그 순간에 영매자를 가장 감동시킨 생각의 물질화 중의 한 현상이다. 영매자 베로에 의한 잦은 물질화나 약한 광선에 의해 촬영된 사진이라는 것은 역시 편리한 것이다. 왜냐하면 물질화라는 것은 오래 지속되는 것이기 때문이다. 주간의 광선 아래서의 정신화는 거의가 금방 소멸되고 마니까."

이와 같은 상파울로주의 관리이고 유명한 의사이며, 또한

주 농업협동조합의 책임자인 칼바료 박사는 이렇듯 베로와 함께 찍혀 있는 영을 단순한 정신화로 간주하고 물질화로는 보지 않았다.

영매자는 생각했고, 그리하여 그 영매자가 생각한 것이 사진으로 찍혔던 것이다. 이와 같이 의식적이거나 무의식적이거나 베로는 마라자를 생각했고, 이 행위가 계속되자 사진으로 촬영된 것이다.

조제 박사의 이런 결론이 진실이라고 한다면 우리들은 다음의 것을 믿는다. 그것은 곧 주간의 햇빛아래서 사고(思考)가 사진으로 촬영되었음이 증명되었다는 이유로서 참으로 주목할 만한 일이다.

조제 박사가 영매의 성실성을 조금도 의심하지 않았다는 것은 주목할 만한 가치가 있다. 신비적이라든가 그것과 비슷한 것이라고 말하지 않았다. 그는 베로의 성실성을 참으로 믿어 의심치 않았던 것이고, 베로에 의한 현실성도 의심치 않았다. 다만 이 경우에는 정신화라고 단정했던 것이었다.

우리들이 조제 박사의 해석에 관해 이러니 저러니 의론할 여지는 분명히 없으리라. 왜냐하면 박사는 수년간 가까이서 그 영매와 함께 지내고 그의 영매력을 충분히 알고 있었기 때문이다. 그렇지만 우리들은 이 사실의 중요성이나, 사진의 훌륭함을 인정하고 잃어버릴지도 모를 자료를 수집, 보존해 두는 것이 필요하리라.

독자 여러분은 자기 스스로 판단을 하고 결론을 내리게 되리라. —

(브라질 신문에서 인용)

[자마이카의 심령치료사]

타악기의 리듬에 따라 치료하는 브러더맨

미국의 인류학자 에드워드 시거씨가 체험한 자마이카의 심령치료를 그의 리포트에 의해 소개하자.

"1953년과 1954년의 19개월간, 나는 종교 의식의 인류학적 연구를 하기 위해 자마이카의 수도 킹스턴과 어떤 작은 마을의 두 곳에서 살았다.

이 조사의 자연적 부분은 이 섬에서 실행되었다 싶은 이교(異教)의 치료법 자료 수집이었다. 자마이카에서의 이교 치료사는 심령치료사이다. 그는 진단과 병 치료에 있어 영계(靈界)와 의논한다. 이런 초자연 세계에는 세가지의 영(靈)이 있다. 죽은 인간, 기독교의 신, 그리고 악령(惡靈)의 힘이다.

이교 치료법은 진찰과 치료상의 순서 양쪽을 포함한다. 내가 목격한 다음과 같은 치료의 기술은 진료 수속의 전형적인 방법과 치료의 한가지 형태를 예증하는데 도움이 되리라.

브라더맨의 치료본부 — 그것은 '바암야드'라고 불린다 — 에선 한 사람의 방문자가 테이블 옆에 앉아 있었다. 테이블

위에는 성경, 찬송가, 초, 꽃병, 돈을 넣는 상자, 가위통, 가위가 각각 하나씩 놓여져 있었다.

마지막의 두가지는 각각 영을 갇우고 절단하기 위해서이다. 브러더맨은 머리를 빨강, 노랑, 초록의 긴 천으로 싸매고 있었다. 그는 이런 두건에 베시지를 받는 그의 능력을 나타내는 두 자루의 연필을 꽂고 있었다.

치료사는 찬송가를 콧노래로 불러가며 방문자의 어깨에 자기의 손을 얹어 놓았다. 방문자이며 환자는 이 콧노래에 참여했다. 그리고 각자는 그 오른 발로 리드미컬하게 쿵쿵 박자를 잡기 시작했다.

브러더맨의 목소리는 이윽고 더 한층 깊고 감동적인 내용을 나타냈고, 그는 짧고 즉흥의, 하지만 매우 율동적인 곡을 노래하기 시작했으나 그 목소리는 호른과 같은 울림이었다. 이 음악은 영을 불러내는 기도였었다.

그는 천천히 환자의 둘레를 돌면서 두 번 정지하고 손을 올리더니, 그 몸은 경직되어 있었다. 두 세번 그는 균형을 잃고 비틀거렸다. 때때로 그는 한 곳에 서서 기도하는데 반주삼아 자기의 다리를 두들겼고, 그동안 그의 머리는 조용히 리듬을 취하고 있었다.

그의 눈은 감겨져 있는 것이 깊이 집중하는 것처럼 보였다. 그의 용모는 크게 긴장하고 있음을 암시하듯 일그러져 있었다. 이윽고 그는 콧노래를 중지하더니 엄숙히 아래를 굽어보며 발로 박자를 잡고 있는 환자 앞에 섰다. 치료사는 그 손을 사내의 몸 여기 저기에 천천히, 조용히 미끄러뜨리는 한편 타악기와 같은 리듬으로 그가 받고 있는 메시지를 입에 올렸다.

'천사… 아침…. 예언자…. 판단…. 진술…. 가로 69, 90… 파괴…. 평화…. 메시지….집에서 집으로…. 빨강에서 빨강으로…. 탈리 반도우나…. 하칸도울라…. 표적…. 머리…. 메시지…. 영…. 후칸디…. 어머니…. 요나…. 표적'

점을 찍은 부분은 의미없는 토막말이다. 이같은 말은 영으로부터의 직접적 계시라고 생각된다.

치료사의 손은 사내의 몸을 조용히 만지고 있었는데 이윽고 머리 부분에 집중되고, 그는 그곳을 부드럽게 맛사지 했다. 그는 때때로 힐링 시트라고 하는 한 장의 종이에 나타나는 글씨를 쓰기 위해 맛사지를 정지할 때조차 자기가 움직이고 있음을 부분적으로 의식하고 있는 모양이었다.

마지막으로 그는 이 종이를 환자의 이마에 밀어붙여 그곳에 붙여졌음을 확인하고 그는 낭독— 영은 사내에게 개입하

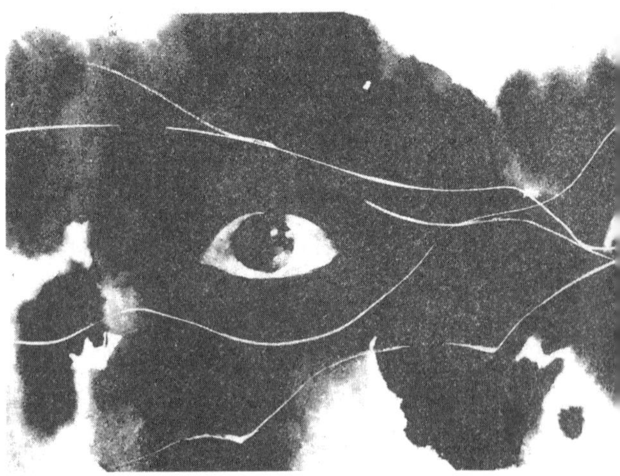

여 머리에 고통과 혼란을 불러일으켰다. 이 영은 누구에 의해서도 그에게 주어진 것은 아니다 — 를 하기 위해 앉았다.

이 영을 '절단하기' 위해 치료사는 고통이 나타날 때에는 언제나 환자의 이마에 힐링 시트를 밀어 붙여지게끔 지시했다.

다음에 그는 땅위에 구덩이를 파고 그것을 물로 거의 가득 채웠다. 물이 맑아지자, 그는 환자에게 얼마간 마시게 했고 머리를 담그게 했다.

끝으로 그는 남자의 머리 위에서 가위를 난폭하게 싹독거렸다. 이윽고 환자는 테이블의 상자에 5실링 3펜스의 은전을 집어 넣었다. 이것은 영에의 지불을 뜻하는 것이었다.

나는 나중에 이 환자를 개인적으로 인터뷰했지만, 습관처럼 그는 치료사에게 그 고통의 성격에 관한 것을 아무것도 이야기 하지 않고 다만 낭독을 구했을 뿐임을 알았다. 그는 스스로를 벌하고 싶다는 강한 욕구를 동반한 머릿속의 고통을

고치고자 브러더맨을 찾았던 것이다.

이전에 세 번 의사한테도 갔지만 그 친찰은 그를 만족시키지 못했다. 그는 치료사의 진찰과 치료에 만족했고, 고통이 사라졌음을 경험했다. 6일 뒤 세번째의 방문으로 그는 완전히 낫았다고 느꼈다.

이 에드워드 시거씨의 보고처럼 자마이카의 심령치료는 꽤나 요란스럽고 낙천적이다. 타악기의 리듬을 타고서 치료하는 등 만족성을 엿보게 하지만, 여기에도 하나의 인상적인 현상이 눈에 띈다. 단조로운 리듬에 육체를 몰입시키는 치료사와 환자의 모습이다. 이 순간에 무엇이 일어나는지 알 수는 없지만 듀레머나 마린네로에 강령하는 현상과 매우 비슷하다.

자마이카에서도 이런 치료사는 의혹의 대상이 되었다고 한다. 그러나 의사회가 과학적으로 조사를 해보았는데, 그 결과 그의 치료를 받은 환자들 대부분이 완치됐다는 보고였다고 한다.

[영국의 심령치료사]

사이킥 파워로 원격 치료하는 존 케인

지금 영국에서 주목받고, 화제가 되어 있는 심령치료사로 존 케인이라는 인물이 있다.

영국엔 세계적으로 유명한 해리 에드워즈라는 심령치료사를 비롯하여 약 2천명의 치료사가 있고, 영국심령협회의 공인 아래 활동하고 있다.

이만큼 수많은 영국 심령치료사 중에서 파격적이고 게다가 치료 능력이 뛰어나게 강한 사람으로서 주목받고 있는 사람이 바로 존 케인(44세)이다.

나는 어떻게든지 그의 치료 능력을 일본에도 소개하고 난치병이나 불치병으로 고생하는 사람들에게 그 치료 효과를 보이고 싶다고 생각했다. 그래서 1976년 6월 말 존 케인을 일본에 초대했고, 2회에 걸쳐 공개 실험회를 열었다.

존 케인의 일본 초청은 '여성 쎄븐' 잡지사가 협찬한 것으로서 먼저 그의 사진을 6월호에 게재하고, 그리하여 그 사진을 보고 원격치료[멀리 떨어진 장소로부터 에너지를 보내고 환자를 치료하는 것]의 효과가 있는지, 없는지의 실험부터 시작했다.

이러한 실험은 세계에서도 처음인 것으로서 나 자신 정말로 효과가 있을까 하며 일말의 불안감마저 있었다. 그렇지만 그때까지 조사한 그의 치료 능력으로 볼때 그것 또한 가능하리라 생각했다.

커다란 반향이 일어났다. '사진에 의한 치료 실험'이라는 표제로 그라비아에 실린 존 케인의 사진을, 1976년 6월 7일 오후 6시 독자들에게 응시하도록 하고 그 반응을 조사했다.

곧 독자들로부터의 반향이 편집부에 몰아닥쳤다. 편지의 통수는 3천통이 넘었고, 그 내용은 거의 원격치료로 반응을 느껴 상담하고 싶다는 것이었다. 그 중에서 예를 들어 기후에 사는 호리씨라는 사람은,

"다년간 류머티즘으로 다리가 오그라든 할머니가 이층에서 6시 정각에 사진을 보고 염(念)을 했다. 그러자 놀랍게도 다리가 쭉 펴지면서 뒤로 벌렁 넘어졌다. 그리고 다년간 고통받던 류머티즘의 아픔도 거짓말처럼 사라졌다."

고 전해 왔다. 또 도쿄에 사는 다께다씨가 알려 왔다.

"다다미 위에 정좌하고 지그시 존 케인의 사진을 응시했다. 그랬더니 처음에는 심장의 동계가 심해지고 몸이 흔들리기 시작했다. 이윽고 손이 저절로 올라가 위에서 멎었다. 그리하여 문득 깨닫고 보니 만성위염으로 시달리던 배가 산뜻해졌다."

이밖에 요코하마의 고무라씨는 이렇게 보고해 왔다.

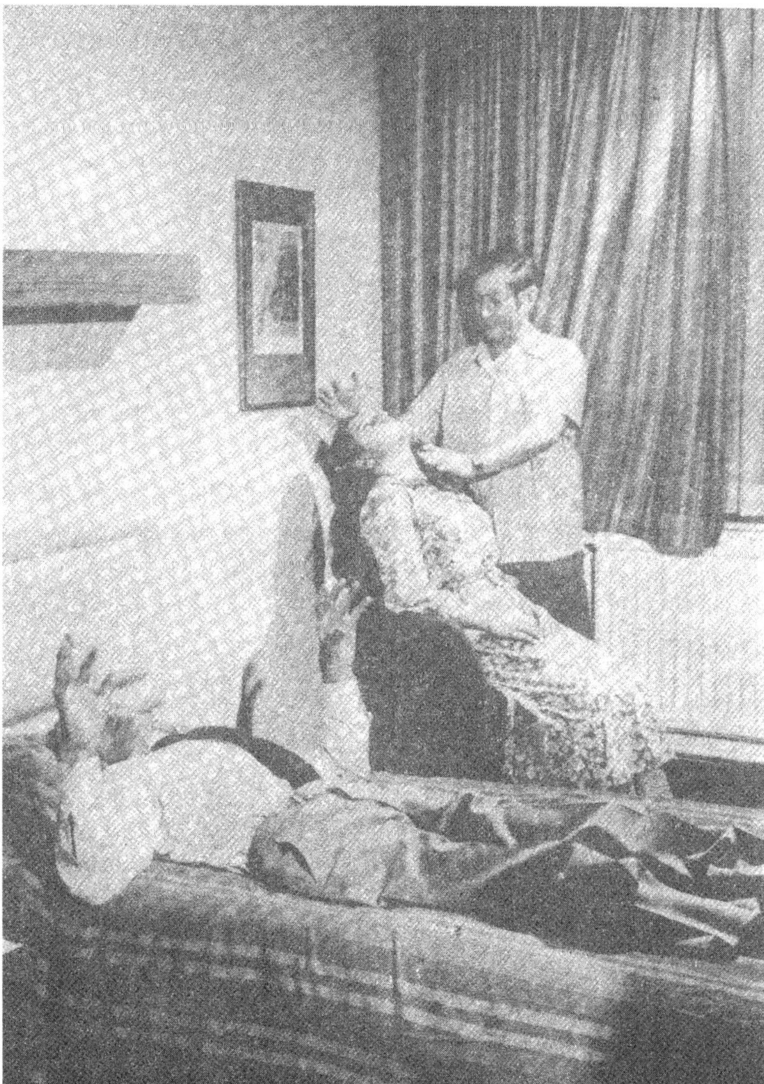

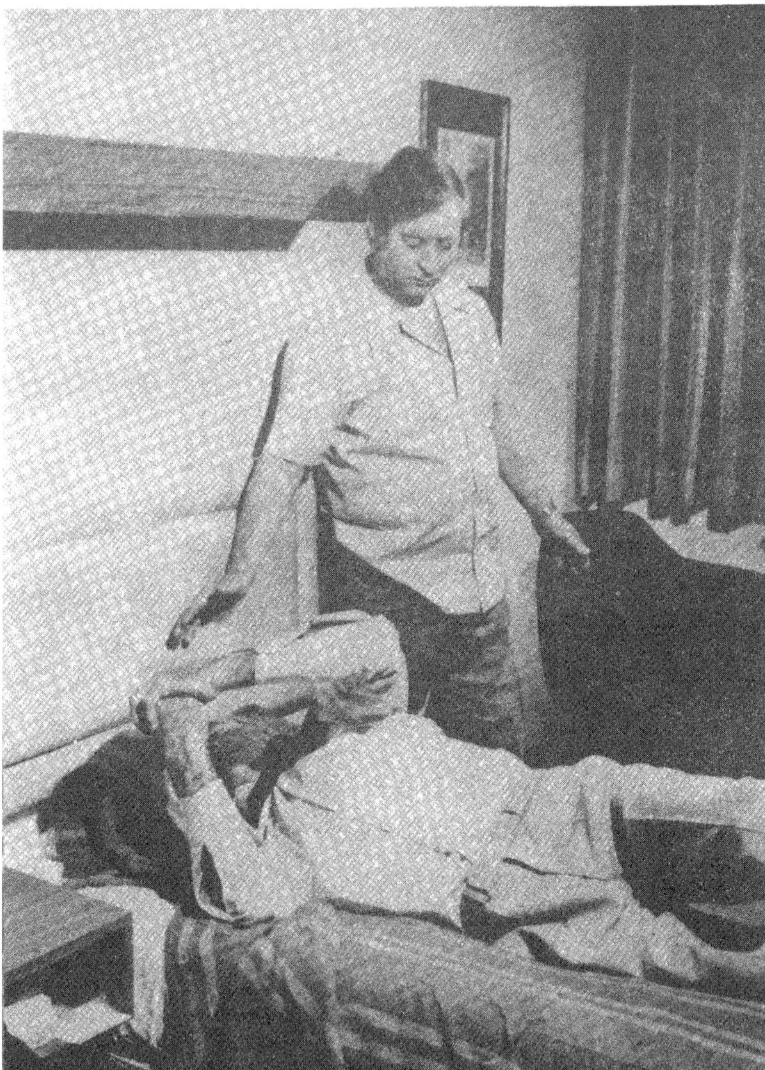

"저의 딸은 선천성 심장병으로 금년 4월에 수술을 받았다. 그러나 결과가 시원치 않고, 줄곧 의식불명의 상태로 병원에 입원하고 있었다. 6월 7일 6시에 제가 대신 사진을 물끄러미 응시했다. 이윽고 무언가 머리가 아파왔고, 딸에게 말을 걸었더니 희미하게 고개를 끄덕였다. 지금까지는 전혀 아무런 반응도 없고, 가사상태였던 딸이 반응을 나타냈다.

또 한가지 예를 든다면 도쿄의 이구찌씨는 회사의 응접실에서 몇 명의 사람들과 사진을 보고 있으려니까 한 사람은 두통이 낫고, 한 사람은 배에 손이 가서 얼마쯤 있자 아픈 곳이 없어졌으며, 생리통으로 고통을 겪던 부인은 그 아픔이 멎었다는 것이었다.

다음은 이런 편지 중에서 효과가 가장 빨리 나타난다고 생각되는 두 세사람을 내가 골라 실험하기로 했다. 그리하여 그 공개 실험의 석상에서 존 케인은 먼저 아래와 같이 인사말을 했다.

"나는 여러분의 병이 좋아지도록 힘을 빌려 주는 인간입니다. 나와 파장(주파수)이 맞는지 여부에 따라 반응에도 차이가 있지만, 여러분이 조금이라도 좋아지게끔 최대한의 실험을 하겠습니다."

실험에 앞서 나도 아래와 같이 말했다.

"존 케인이 생체 에네르기를 피실험자에게 주입하면 그 환자는 트란스상태에 빠집니다. 그것은 최면상태와도 가까운 것입니다. 이른바 최면은 암시에 의해 무의식 상태가 되고, 그동안은 주위의 일 따위는 모르게 되며, 무의식상태이므로 깨고 나서도 최면 중에 무슨 일이 일어났는지 모릅니다. 그러나 트란스상태로선 그런 일이 없습니다. 일어나고 있는 일 모두를 알고, 잠이 깨었을 때, 트란스상태 중에서 무엇이 일어났는지 모두 기억하고 있으므로 공포감을 갖지 않고 릴럭스하며 받아주기 바랍니다. 또한 케인은 치료라는 말을 싫어하는데 그것은 그가 치료를 받는 사람의 잠재력에 힘을 빌려줄 뿐이기 때문입니다. 즉, 환자 스스로의 힘으로 좋아지는 것을 도울 뿐인 것입니다.

현대의학에서도 만성인 경우에 단 1회의 치료로 좋아지는 일이 적은 것처럼 금번 실험으로서도 모두 좋아지는 것은 아닙니다. 그와의 감응이 깊어지면 서서히 효과가 나타날 것입니다. 아무것도 생각하지 말고 그의 파워를 받아주기 바랍니다.

그것은 일본에서 처음으로 행해지는 심령치료의 공개 실험이기 때문에 모인 사람들이 한가지 사고방식을 가져야 한다는 이유로, 나는 이같이 어드바이스를 했던 것이다.

먼저 몇 명인가의 사람이 치료를 받기 시작했다. 그중의 한 명인 히라키 스즈꼬(30세)라는 여성은 자기의 증상을 질문받자, 만성비염으로서 언제나 두통이 있고, 후두부로부터 뒷덜미에 걸쳐 무거운 느낌이 든다고 했다.

통역을 통해 그 말은 들은 존 케인은 오른손을 히라키 여성의 후두부에, 한손은 이마를 가리고서 천천히 움직이기 시작했다.

"내가 손을 대면 손이나 발이 자연스레 움직이는 일도 있지만, 저항을 하지 않고 움직이는 대로 내버려 두기 바랍니다."

그렇게 말하면서 그는 계속 손을 움직였다. 머리, 이마, 눈으로… 그가 손을 가리고서 1분 뒤 히라키의 몸은 뒤쪽으로 천천히 쓰러졌고, 이윽고 베드에 누웠다. 히하라키는 완전히 트란스상태로 들어갔고, 그동안에 그의 에네르기를 받아 환부의 치료를 스스로의 힘으로 하기 시작했던 것이다.

이리하여 23명이 그의 치료를 받았다. 그 중의 한사람으로 회장에 목발을 짚고 나타난 요시꼬(30세)라는 주부는 관절 류머티즘으로 왼발이 아프고 평소에는 자리에 누워 지내고 거의 걸을 수도 없는 상태였다. 1974년 12월에 돌연 발병한 것인데 원인은 불명이었다.

그런 요시꼬의 후두부에 케인이 손을 대자 순간적으로 트란스상태로 들어갔다. 이윽고 20분쯤 지났을 때 그녀는 기분이 나쁘다고 헛소리처럼 중얼거리기 시작했다. 그러나 그것은 트란스상태에서 깨려고 할때 일어나는 현상의 하나로서 아무런 걱정도 없는 것이었다.

존 케인은 요시꼬를 더욱 깊은 트란스상태로 넣고 다시 한번 베드에 눕혔다. 그리하여 재차 트란스상태에서 깨어난 것은 약 1시간 뒤였다. 그 직후 그녀는 아픔이 심할 터인 요시꼬의 양다리를 안고 크게 굴신시켰다. 이어서 기분이 어떠냐고 물었다. 요시꼬는 지금은 아주 기분이 좋다고 말했다.

트란스상태에서 완전히 깨고 자리에 돌아가려던 요시꼬에게 남편이 목발을 건네 주려고 하자 케인은 목발을 빼앗으면서 말했다.

"목발을 사용하지 말고 걸어 보십시요!"

그 말에 요시꼬는 자기도 모르게 대여섯 걸음을 걸었다. 그리하여 자기가 한 일에 스스로 놀라며 케인의 얼굴을 보았다.

"어떻습니까?"

하고 미소를 지으며 그녀에게 물었다. 요시꼬는 그 때까지 전혀 힘이 주어지지 않았던 다리가 아주 거뜬하게 느껴졌고, 그리하여 목발없이 걷게 되었다.

"이제 목발 없이도 걸을 수 있지요?"

존 케인은 요시꼬의 손을 잡아 주면서 실험실을 한바퀴 돌게 했다. 그녀는 천천히 그러나 침착하게 걸었다. 발병이래 1년 반만에 목발의 도움을 빌리지 않고 스스로의 힘으로 걸었던 것이다.

그러한 광경을 숨을 죽여 가며 지켜보고 있던 회장에서 일제히 박수가 터져 나왔다.

심령치료[존 케인의 경우는 에네르기 파워치료 또는 사이킥 파워치료라는 표현을 하고 있지만]라는 현대의학으로선 생각할 수 없는 치료 방법에 의해 요시꼬의 병을 단시간 내에 고쳤고, 그 직후 자기 힘으로 걸을 수 있게 한 일에 대해 회장의 사람들은 놀라움으로 눈을 동그랗게 떴다.

이 요시꼬 주부의 실제 예 하나로서도 이번의 공개 실험은 대성공이었고, 존 케인이 갖는 치료 능력의 희한함을 말해 준다고 할 수 있으리라.

그런데 이 존 케인이라는 인물은 어떻게 이같은 치료의 길에 들어섰는지, 여기서 그것을 먼저 설명하겠다.

영국의 예지(豫知) 능력자의 한 사람인 앨런 클로슬레이는 그에 관해 아래와 같이 썼다.

ㅡ존 케인은 영국 서부의 농촌 출신이다. 일찍이 그의 직업은 대장장이었다. 군대에도 근무한 적이 있고, 그 무렵엔 체육 지도원으로 있었다. 그는 일본의 유도에 매우 강한 관심을 가졌고, 현재는 검은 띠를 맬수 있게까지 되었다.

유도를 통해 양성된 체력과 정신력이 강력한 생체 에네르기를 방사할 수 있는 요소의 하나가 되어 있다고 생각된다. 그는 정확한 의미로서의 신앙가는 아니고, 그 점은 그 자신도 인정하지만 그러나 초능력의 존재에 관해서는 그도 확신을 갖고 있었다. 또한 그는 술을 즐기고 매일밤 10시쯤이 되면 아내와 30분 정도 근처의 선술집에서 조용히 술을 마시는 것을 즐거움으로 삼고 있었다.

존 케인이 심령치료에 관심을 갖게 된 것은 이런 선술집에서의 체험이 바탕이 되었다. 그 선술집에서 술을 마시고 있는 15분 가량의 동안에 그는 희미한 빛을 목격한 일이 있었다. 그는 그때 그 빛이 무엇인지는 확실히 몰랐었다.

그의 아내에게 그 빛에 대해 존 케인은 이야기했지만, 아내로선 보이지 않았다. 더욱이 그때 선술집에 있던 손님들도 그 빛을 느낀 낌새는 없었고, 아마도 그만이 깨달았던 것이리라. 또한 이상한 일로서 그 빛을 목격한 순간, 극히 약간이긴 하지만 그 자신의 몸에 떨리는 듯한 마비가 있었던 것이다. 나는 친지의 소개로 케인을 만났다. 그리하여 그것에 관한 말을 나누었고, 생각한 끝에 그가 일종의 사이킥 파워(심령력)와 같은 것을 받은게 아닐까 하는 결론에 도달했다.—

또한 그는 또 케인에 관해 아래와 같이 썼다.

—그의 사이킥 파워는 주로 병의 치료에 효과가 있는 것 같다. 그래서 그는 먼저 딸 자넷에게 테스트해 보기로 했다. 딸의 한쪽 다리 앞쪽에 점이 100개쯤 있었다. 그것을 나도 본 일이 있고, 매우 두드러진 것이었음을 내가 보증하겠다. 케인은 딸의 환부에 손을 놓았을 뿐이었는데, 그 점은 날로 작아졌고, 8일 후에는 완전히 없어졌다. 그것은 매우 훌륭한 일이었지만, 처음 당한 일이기도 했고, 자신도 없었으므로 우연일지도 모른다고 생각했다. 자기에게 정말로 치료 능력이 있는지 어떤지를 실험하기 위해 그는 여러 환자를 찾았고, 그것을

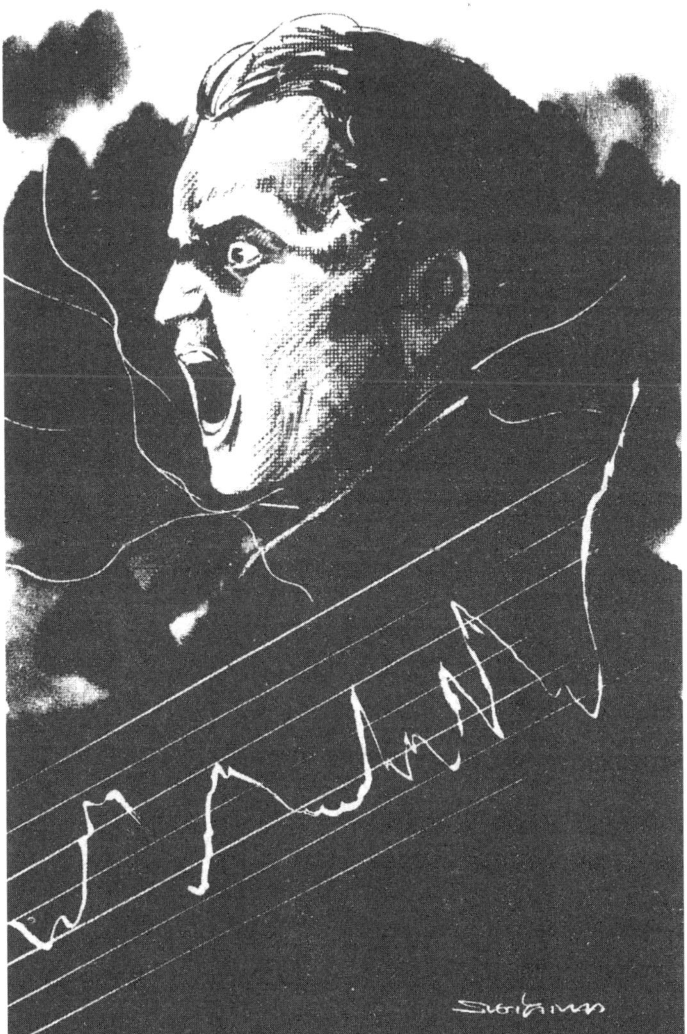

고쳐 보리라 생각했다.

환자의 제2호가 된 사람은 척추나 팔다리의 운동이 저해되고, 게다가 시력이 점점 떨어져 가는 원인 불명의 병에 걸려 있는 한 신사였다. 이 신사는 병원 의사로부터 불치의 병이라는 선고를 받았고, 낫을 가망이 없는 증상이었으나 존 케인의 단 한번의 진찰, 단 한번의 치료로 한쪽의 시력이 서서히 회복되었다. 그 뒤 4회의 치료로 손에 악력이 생겼고, 자기의 다리로 혼자 설수 있는 데까지 나았던 것이다.

세번째의 환자는 나였다. 나는 수년동안 탈구(脫臼)가 원인인 등허리의 고장으로 고생하고 있었다. 병원에서 치료를 받았지만 하루도 둔중한 아픔때문에 시달리지 않는 날이 없었다.

그의 심령치료에 관해 그의 집에서 이야기하고 있을 때 나는 그에게 직접 등의 아픔에 관해 말했다. 그러자 존 케인은 바로 그 자리에서 손을 환부에 대어 주었다. 이상하게도 그 순간부터 나는 두 번 다시 아픔을 느끼지 않게 되었다. 그는 다만 환부 위에 공중에서 손을 언질 뿐으로서 그의 표정은 여느 때와 전혀 다르지 않았다.

이제까지 말한 일로 부터도 그의 심령치료가 진짜임을 증명하기에 충분하지만, 그러나 가장 결정적인 사건은 나의 아내 일레네의 사례이다. 아내는 발작을 일으켜 병원에 실려 갔고, 심한 뇌일혈이라고 진단받았다. 그리하여 회복하는 것은 확신할 수 없었다. 또한 만일 회복된다 해도 꽤나 장기간의 시간이 걸릴 것이리라고 의사가 말했다. 운동 능력도, 언어도 완전히 잃고 말아서 아내와의 의사 소통은 전혀 불가능했었다. 그래서 나는 존 케인에게 부탁하여 매일 밤 병원에 와달라고 했다. 그가 와주고 그때마다 하는 일은 다만 아내의 손을 잡아 주는 것 뿐이었다. 그런데 3일 뒤에는 아내가 말을 할 수 있게 되었고, 팔다리도 완전치는 않지만 충분히 움직일 수 있게 되었다. 그리하여 1주일 뒤 아내는 퇴원했다.

병원측에선 뇌일혈의 원인이 대체 무엇인지 모르고, 그 치료법도 짐작이 가지 않았으므로 투약도 치료도 전혀 베풀고 있지 않았다. 그들은 무언가 변화가 일어나면, 그것을 보고 치료법을 정한다고 말하고 있었다. 어쨌든 아내의 회복에 놀라고 말았다. 이제까지 매우 많은 사람들이 존 케인의 치료로서 병을 고치고 건강을 회복하고 있었다. 그의 치료 능력이 뛰어난 것은 명백하다.

나는 위궤양의 치료를 받는 청년과 만난 일이 있다. 그는 케인의 집에서 돌아왔을 때 1시간 남짓 치료로서 이미 아픔도 없어지고 2년만에 보통의 식사를 할 수가 있게 되었다고 말했다. 또 한 사람, 영양실조의 소년 마르콤의 이야기를 하자.

케인이 치료를 시작하자 이 소년은 체중이 무럭 무럭 늘었고, 근력(筋力)의 위축을 계속하기는 커녕 오히려 발달하기 시작했다. 그의 소망은 축구 선수가 되는 일이었다. 이 소년의 소망은 아마도 달성될 것으로 확신한다. 그만큼 케인의 치료 효과는 놀라운 것이었다. 인용할 수 있는 예는 좀더 많이 있지만, 내가 든 예만으로도 심령치료의 예사롭지 않은 능력을 증명하기에 충분하리라고 생각한다. 참된 심령치료사가 일반적으로 생각되는 수보다 적은 것은 매우 불행한 일이다. 왜냐하면 극히 약간의 사람밖에 심령치료를 하는 능력을 갖고 있지 않기 때문이다. 더욱이 심령치료사가 된다는 것은 아마도 의사, 음악가, 기술자나 과학자가 되는 것처럼 할 수는 없는 것이다.

이제까지의 예나 나의 생각을 종합해 보면 심령치료법은 의학에의 선물이며 자선 행위이다. 기타의 모든 활동이 무언가의 형태로 사회에 공헌하고, 사람들에게 은혜를 베푸는 것임을 생각하면, 이런 심령치료도 그러한 활동과 참으로 똑같다고 생각된다.—

또한 영국 런던에서 발행되는 '사이킥 뉴스'라는 신문이 있는데 이 신문은 영국의 심령과학계를 비롯하여 심령과학에 관심을 나타내는 세계의 사람이나 연구자 사이에서 대단히 주목되는 권위있는 신문이다. 이 신문도 존 케인에 대해 꽤나 상세히 소개하고 있다.

—존 케인의 놀라운 치료법은 존 테일러 교수에 의해 실험되었다. 테일러 교수는 최초 영매법에 관해 의문을 품었고, 또한 유리 게러의 초능력을 해명하기 위해 수학자로써의 자기 능력을 최대한 활용하려 했던 과학자이다. 존 케인은 테일러 교수가 그의 첫 치료 피실험자가 되어 주었을 때 득의만면이었다. 그는 테일러 교수에게 정력적인 치료를 실시한 뒤 다음과 같이 설명해 주었다.

그에게 동행한 사람은 과학기술 연구개발관인 앙가스 맥허치씨와 사무변호사인 죠지 뉴턴씨였다. 앙가스씨는 또한 심령과학 연구회원이기도 하고, 양자 모두 이상심리학회 회원이었다.

그들 두 사람의 입회자는 테일러 교수가 존 케인의 심선노를 촬영하는 것을 견학했다. 더욱 상세한 실험은 런던 시내의 병원에서 실시되었던 것이다.—

이때 명백해진 사실은 치료중 존 케인의 맥박은 통상 5배에 도달했고, 클라이맥스에선 실신 상태에 빠지는 것이 측정기에 의해서도 체크되었다고 한다. 또한 환자 측의 의식도 케인의 것에 동조하는 모양으로 케인이 몸서리를 치면 환자 또한 마찬가지로 몸서리를 쳤다고 한다.

'사이킥 뉴스'지는 계속 자세히 보도하고 있다.

— 이번에는 치료자가 여성의 증상도 진단할 수 있나 여부를 확인하기 위해 한 여성을 이용하여 어떤 실험이 행해졌다. 그녀는 난소 종양을 수술 받았지만 그 후유증으로 고통을 느끼고 있었다. 우리들은 그녀의 고통 원인을 진단하도록 케인에게 요청했다. 그에게 보인 것은 그녀의 배 우측에 난 절개자국 뿐이었다.

물론 병에 관해 어떠한 설명도 하지 않았다. 진단이나 치료를 모두 그에게 맡겼던 것이었다. 그리고 얼마쯤 있다가 우리들은 그녀의 상태를 보러 갔다. 그랬더니 놀랍게도 그녀의 오

른쪽 옆구리는 아물었고, 고통도 가라앉아 있었던 것이다.

우리들은 심령치료의 기구를 발견하기 위해 더욱 검토를 진척시키고, 두뇌의 주기성(周期性)을 증명할 필요가 있었다. 직업상 증거 심사에 숙련되고 있는 죠지씨는 우리에게 '나는 케인씨가 치료 능력을 갖추고 있다고 믿는다'고 말했다.

존 케인의 치료 보고에 대해선 좋은 보고가 들어 왔으므로 우리들은 다시 계속해서 그의 업적을 관찰하도록 조치했다. 그리하여 그의 업적은 예상 외로 우리들의 기대를 만족시켰다.

이런 치료법을 자기적(磁氣的) 또는 정신적이라 부르는 것은 독자의 자유이지만, 우리들의 분석에 의하면 이 치료법에는 과학적으로도 확실히 증명된 데이터가 있다.

치료자와 환자와의 사이에 생기는 의식 상태의 변화는 중요하며, 좀더 많은 과학적 연구를 추진할 필요가 있다. 현재 우리들은 심령치료법의 진전 상황을 관찰하고 입수할 수 있

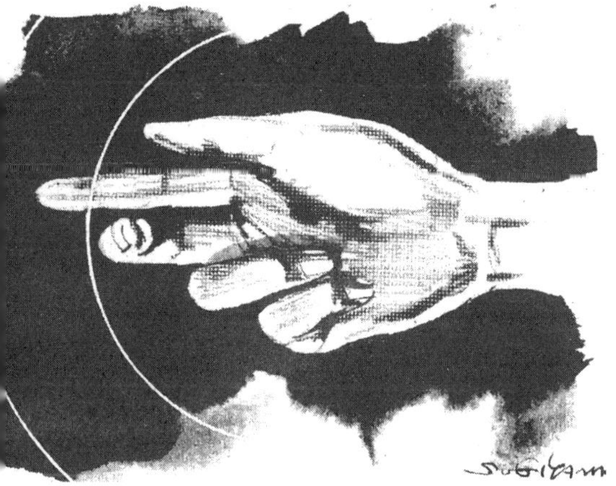

는 최신식 기계를 사용하여 더욱 복잡한 조사를 진행시키지 않으면 안된다.

이섯에 관해 존 케인은 이렇게 말했다.

"나는 더욱 더 엄격한 조건으로 실험을 받고 싶다. 테일러 교수에 의한 일련의 실험 시리즈에 의해 정신적 치료법이 아주 효과가 있음을 과학적으로 증명되는 일은 앞으로의 의학에도 커다란 영향을 주리라."

존 케인은 기대 가능한 과학적 성과를 달성하기 위해 앞으로도 온갖 분야의 학자나 연구자에게 협력해야만 하는 것이다. —

이 〈사이킥 뉴스〉의 기사는 존 케인이 어떠한 태도로 자기의 치료 능력을 생각하고, 그리하여 해명하려 하는지를 똑똑히 나타내고 있다.

내가 그를 안 것은 1974년 말로써 이듬해 봄 영국을 방문했을 때 그와 만났다. 그리하여 그의 치료 장면을 직접 보았다.

환자를 침대에 앉게 하고, 양손 또는 한 손을 환자의 머리 부분 위에 가리고, 그 손바닥에서 방사하는 에네르기로 환자를 트란스 상태로 빠뜨린다. 트란스 상태에 들어간 환자는 침대 위에서 헤엄치듯이 온몸을 계속 움직인다. 그 시간은 사람에 따라 다르지만, 대체로 30분부터 1시간 가량이었다.

케이는 버둥거리는 환자의 환부를 때때로 손으로 가리고, 그 손바닥에서 방사하는 에네르기를 주입할 뿐이고, 환자가 트란스 상태에서 자연히 깨어나기까지 내버려 둔다. 그의 치료 방법은 단지 그것 뿐이었다. 그러한 방법에 의해 많은 사람이 치료되었다.

존 케인의 경우는 갖가지의 병 치료에서 많은 업적을 올리고 있었다. 그 중에서도 류머티즘계의 병인 뇌질환, 심장병, 눈병, 부인병, 피부병, 소아마비성 병, 소아 당뇨병 등에 가장 두드러진 효과가 나타나고 있다는 것이었다.

존 케인은 내가 만났을 때 다음과 같이 말했다.

"나 자신은 별로 치료라는 말을 사용치 않고, 또 쓰고 싶지도 않다. 왜냐하면 현대의학도 완전이란 것은 없고, 의학뿐 아니라 모든 면에 있어 완전이란 것은 없기 때문이다. 나는 현상(現狀)을 조금이라도 개선하자는 사고방식이고, 그 때문에 환자에게 힘을 빌려 주고 있을 뿐이다. 나의 능력을 과학적으로 연구해 주는 일에 나는 대찬성이다."

나는 존 케인도 모든 병을 단숨에 고칠 수 있는 힘은 없다고 생각한다. 그러나 그의 치료로서 병의 상태가 좋아진 예는 그 환자의 90% 이상이나 된다.

그는 또 영국에 2천명이나 있는 심령치료사 중에서도 특별히 색다른 사고방식을 가졌다. 그는 나에게 이렇게 말한 적이 있다.

"나는 심령협회의 어디에도 속하고 싶지 않다. 협회에 일단 소속되고 나면, 비록 자기의 능력이 약해져도 소속돼 있다는 것만으로서 치료사로써 통용되고 만다. 또한 그런 협회에 소속된 치료사인 사람은 자기 능력 이상의 평가를 자기 자신이 획득하려고 한다. 따라서 제스처도 지나치고 겉보기의 의복이나 말만으로써 자기 능력을 상대편에게 인정시키려 생각하는 사람이 많다. 협회에 소속한 사람이 가짜나 엉터리라고 말하는 것은 결코 아니지만, 능력 이상의 일을 해버리는 경향이 있음은 부정할 수 없다. 나는 그렇게는 되고 싶지 않은 것이다. 우리들처럼 이와같은 힘을 은혜받은 인간은 실질적인 그 능력만으로 사람을 돕는게 사명이 아닐까?"

나는 존 케인의 이런 사고방식에 대찬성이다. 나 자신 스스로가 존 케인의 치료로써 성과를 올린 실적을 조사해 보았다.

마아시(22세)라는 여성의 경우, 1976년 3월 말 어머니가 심장병의 발작에 의해 가사상태가 되고 그대로 병원에 운반되었다. 이웃사람의 연락으로 외출 중이던 그녀는 급히 병원으로 달려 왔다.

어머니를 진단한 의사는 고개를 가로 저었다. 이미 때가 늦었다는 것이었다. 마아시 양은 가사상태의 어머니 머리 맡에서 존 케인의 사진을 보면서 자기의 손을 어머니 가슴 위에

얹어 놓고 열심히 기도했다.

"이제 그만 단념하세요."

라고 의사가 말했지만 마아시 양은 그런 동작을 중지하지 않았다. 그리하여 몇시간 후 기적이 일어났다. 심장이 정지되고 의사로부터 사망이 신고된 어머니가 되살아 났던 것이다.

마아시 양은 존 케인의 사진을 보면서, 그의 원격 치료를 그녀 자신이 매개가 되어 받았던 것이다.

그녀가 존 케인의 신봉자가 된 것은 3년 가까이나 완고한 피부병에 시달리고 지푸라기라도 잡는 심정으로 그의 치료를 받았을 때부터의 일로서 그때 피부병은 반년쯤 후에 깨끗이 없어졌다.

존 케이에게 감사하는 사람은 아주 많다. 광고회사 중역인 콕스(58세)씨도 그중 한 사람이다.

그가 친지의 소개로 처음 케인을 방문했을 때는 심장병이 중한 상태로서 조금만 걸어도 발걸음을 멈추고 숨을 돌리지 않으면 안되었다.

첫 치료를 하던 날, 그는 콕스씨를 단숨에 트란스 상태로 만들고, 강한 에네르기를 주입했다. 그러자 그 때까지 걷는 일도 힘들었던 콕스씨의 몸이 전기에라도 감전된 것처럼 베드 위에서 버둥거렸다.

더욱이 그 격렬한 움직임은 30분 이상이나 계속되었던 것이다. 가족들은 창백해졌다. 그렇다면 콕스씨의 심장이 파열되고 죽어버리는게 아닐까 염려했다. 하지만 콕스씨의 심장은 파열하기는 커녕 건강을 되찾았던 것이다.

“정말이지 기적이라고 할 밖에 없습니다요. 이렇게 원기왕성해졌지요. 치료를 받고서 7개월 후에 마라톤도 할 수 있게 되고, 지금은 건강때문에 매일처럼 뛰고 있습니다요.”

콕스씨는 마냥 즐거워하면서 이렇게 말했다. 또한 주부인 애리슨 부인은 끈질긴 위장병에 시달리고 있었다. 병원에선 위궤양이라고 진단되어 치료를 받았지만, 도무지 낫지를 않아 생각다 못해 케인을 찾아갔다.

그는 그녀의 성명과 생년월일을 묻고는 머리카락 두 세올을 뽑아서 그에게 특유의 방법으로 즉각 진단했다. 그리고 말했다.

“당신의 병은 담석증입니다. 위궤양은 아닙니다.”

애리슨 부인은 매일 그의 집에 다니기가 어렵기 때문에 케인 독특의 원격 치료를 받았다. 3주일쯤 지난 깊은 밤, 그녀는 심한 복통을 일으켜 화장실로 뛰어들어 갔다. 그러자 아픔이 쑥 내려가듯 사라졌고, 몸이 가벼워졌다고 생각되었다. 그때 그녀를 괴롭히고 있던 담석이 배출된 것이었다.

근대 의학으로선 어떻게 판단할지 모르지만, 아무튼 애리슨 부인의 담석이 배출된 것은 이 치료 덕분이라고 하늘처럼 믿고 있다.

존 케인은 현대의학에 대해 아래와 같은 사고방식을 갖고 있었다.

“현대의학은 아픔을 약으로 억누르고, 환부는 수술로서 제거한다는 방법을 취하고 있지만, 나는 반대이다. 나의 방식은 아픈 사람에겐 힘을 빌려 주어 몸의 조화를 바르게 유지토록

하는 것이다. 몸이 아프다는 것은 몸의 조화가 무너져 있기 때문이다.

또한 현대의학은 약이나 수술로서 낫지 않으면 치료를 거부하거나 포기하는 것과도 같은 태도를 취하는 경우가 있는데, 나는 살아있는 이상 그 사람에게 생명력이 있는 것이므로 어떠한 환자도 무언가의 반응이 있을 것이라고 생각한다. 그러므로 어떠한 환자가 찾아와도 거부하거나 포기한 일은 없다.

존 케인은 앞에서도 말했듯이 1976년 6월에 일본을 방문했지만 일본에 있는 동안에 난치병중의 난치병이라 일컬어지는 근육 디스트로피인 소년에 대해서도, 그는 그 에네르기의 강함을 분명히 나타냈고, 나는 그것을 확인할 수가 있었다.

존 케인은 일본에 와서 행한 2회의 공개 실험으로 도합 50명 가까운 환자에게 치료를 베풀었다. 그 실험을 하나 하나 관찰해 보고, 그가 가진 에네르기 파워의 강함이 놀랄만한 것

임을 잘 알았다. 그 한 예가 목발을 짚은 여성이 돌아갈 때는 그것이 필요치 않게 된 케이스이다.

여담이지만 케인의 애연과 술을 좋아하는 것에는 정말 놀랐다. 나는 그가 환자를 치료하고 있을 때나 진찰을 하고 있을 때 담배와 술을 손에서 뗀 것을 본적이 없을 정도였다.

그는 다만 치료 능력이 뛰어날 뿐 아니라 인간성도 뛰어났다. 환자를 진찰할 때의 태도는 어느 경우라도 성실하기 이를데 없었고, 상당히 강한 치료 능력을 가졌으면서도 잘난체 하는 데가 전혀 없었다. 그것은 그가 환자 자신이 좋아지려 하는 노력에 힘을 빌려 주고 있을 뿐이다 하는, 치료에 대한 자기의 기본적 사고방식을 충실히 실천하는데 있다고 생각된다.

세계에는 심령치료를 할 수 있는 사람이 많다. 첫머리에서도 썼던 것처럼 영국엔 세계적으로 유명한 해리 에드워즈라는 인물이 있다. 화란의 클로와제트, 마찬가지로 투우렌, 브라질의 지금은 죽은 알리고, 역시 브라질의 듀레머, 마린네로,

손꼽으면 한이 없다.

그들은 저마다의 방법으로 심령치료를 행하고 있지만 존 케인처럼 에네르기 파워라는 사고방식을 단단히 갖고서 하는 사람은 별로 없는 것 같다.

대부분의 심령치료사는 자기가 할 수 있는 치료의 효과 혹은 치료 방법을 영적인 것에서 구한다. 앞에서 소개한 심령치료 가운데 ③에 속하는 것, 요컨대 영계의사에 의한 방법이 많은 심령치료의 기본으로 되어 있는 것 같다.

브라질의 알리고 등은 독인인 의사 프리츠의 영체가 작용하여 온갖 외과 수술을 행하고, 또 프랑스인 의사 삐에르의 영체의 힘을 빌려 소아과의 병 내지 부인과의 병을 고쳤다.

해리 에드워즈의 경우도 역시 신(神)이라는 것으로부터 주어진 능력으로 치료를 행한다. 그러한 사람 중에서 존 케인만이 생체 에네르기 = 에네르기 파워라는 가장 과학적인 방법으로 규명하기 쉬운 원리를 활용해 독특한 치료를 발전시키고 있다.

[브라질의 영능력자]

악령 쫓기의 명인 '테마나가'

"테마나가씨가 쫓아내지 못하는 악령은 없습니다."

브라질에서 테마나가(46세)라는 영능력자를 모르는 사람은 없다고 일컬어질 만큼 그 이름은 전국적으로 알려졌다. 그는 조상이 아프리카인이고, 부토우교 계통의 민간 신앙 교주였다.

4대 전부터 브라질의 바이야 사르바도르에서 '수신(水神)신앙'으로서 영적인 고민을 가진 사람들을 구제하고, 의사로부터 포기된 사람들의 병을 고쳐 주고 있었으며, 그의 신자는 브라질 전역에 걸쳐 수만명에 이르고 있다고 한다.

그의 수신 신앙은 별난 것으로 매달 두번씩, 수신으로부터의 계시에 의해 신자나 병자, 영적으로 고민하는 사람들이 바이야의 해변에 모여 의식을 올리는 것이었다.

자정이 지나 시작되는 의식은 태양이 올라오기 전까지 베풀어지고, 그 괴상한 분위기를 처음 본 사람은 모두 한번은 기절할 정도다.

"부디 저에게 들러붙은 악령을 내몰아 주세요. 자살한 여동생의 악령이 들러붙은 것 같아요."

지난 4월 하순의 어느 날 그에게 36세의 한 여성이 가족과 함께 찾아왔다.

'영이 들러붙은 지 반년 이상이 되었군!'

그 여성을 물끄러미 보고 있던 테마나가씨가 불쑥 이렇게 말했고, 그리고 그 악령때문에 그녀는 범죄 사건까지 저지르고 있다고 말했다. 확실히 사건을 저지르고 있었던 것이다.

그녀는 무의식 상태로 그녀 자신이 만난 적도 없는 세명의 남성을 습격하고 빈사의 중상을 입힌 일이 있었다. 그 남자들은 자살한 여자 동생이 사귀었던 상대로서 동생이 속은 사내이기도 했다. 동생의 악령이 그녀를 움직였던 것이다.

'좋아, 악령을 쫓아내겠다.'

테마나가씨는 수신(水神)으로 부터의 계시가 있기까지 기다리라고 하며 여성을 돌려 보냈다.

"부디 하루라도 빨리 계시를…"

테마나가씨는 여성의 악령이 머지않아 또 말썽을 일으킬 것 같아 수신에게 빌었다. 사흘째가 되던 날 밤, 계시가 있었다. 여성의 악령 내쫓기는 이틀 뒤 새벽 1시에 실시하기로 정해졌다.

당일 테마나가씨의 연락으로 수백명의 신자와 치료를 받는 환자 등이 속속 모여 들었다. 악령에 사로잡혀 있는 여성도 가족과 함께 왔다.

"그곳에 앉아라!"

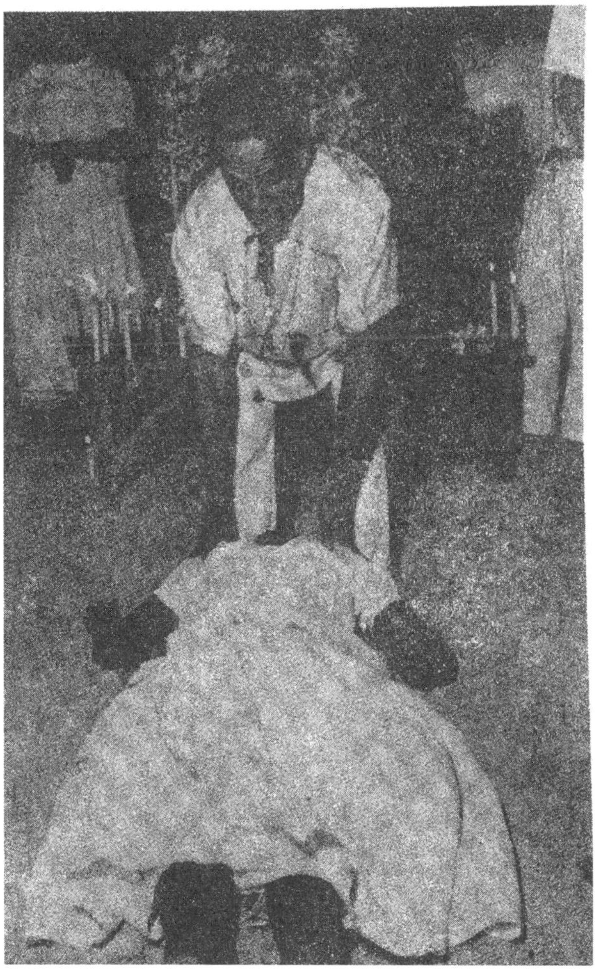

테마나가씨는 엄한 어조로 악령이 씌워져 있는 여성에게 명했다. 여성은 시키는 대로 모래 위에 앉았지만, 테마나가씨는 해상을 향해 쳐든 오른 손의 주먹을 기합과 함께 그녀의 얼굴 앞에 내밀었다. 그녀는 뭐라 말할 수 없는 괴성을 질러가며 앉은 자세로 뛰어올랐고, 그 얼굴 모습도 무섭게 일그러지며 테마나가씨에게 덤벼들려고 했다. 그는 그것을 슬쩍 비키면서 오른손에 쥔 긴 염주로 그녀의 가슴을 때렸다. 순간 주춤한 그녀는 다시 덤벼들려고 했다.

테마나가씨의 염주가 그보다 빨리 바람을 가르며 그녀의 등을 철썩 때렸다. 그녀는 모래 위에 쓰러졌다. 그의 신호로 몇 명의 신자가 그녀를 찍어 누르면서 저마다 주문같은 것을 외웠고, 그녀의 팔다리를 들어올려 바닷물 속에 던졌다.

그녀는 물속에서 허위적거렸다. 이윽고 수면에 몸이 떠올랐다. 떠오른 그녀의 몸을 신자들이 다시 들어올려 테마나가씨 앞으로 운반해 왔다.

테마나가씨는 그 여성의 몸에 술을 뿌렸고, 여송연(시거)연기를 뿜어준 뒤 촛불을 그녀의 몸 위에서 비추었다. 이윽고 그녀는 의식을 되찾았다. 이상한 일로 그녀는 한방울의 물도 마시고 있지 않았을 뿐만 아니라, 그 얼굴은 평화로운 것으로 바뀌어 있었다.

"동생의 악령은 이제 수신이 데려 갔다."

테마나가씨는 여성에게 그렇게 말하고 다음 번 사람의 살풀이를 시작했다. 그의 살풀이는 심령학자들 사이에서도 높이 평가되고 인정받고 있는 것이다.

[칠레의 심령치료사]

망자(亡者)를 소생시키는 '방구알'

"방구알님, 제발 이 딸을 살려주세요."

어머니는 이제 막 숨을 거두려는 딸 파르나(16세)의 몸을 끌어안으며 애원했다.

방구알(22세)은 칠레의 수도 산티아고 시내에 사는 심령치료사로서 5년 전부터 심령치료를 하고 있었다. 그의 아버지도 심령치료사로서 20년 남짓이나 많은 병자들을 치료해준 적이 있고, 그 기적적인 능력은 칠레 전국에 알려졌다.

방구알은 어렸을 적부터 아버지의 치료 방법을 보아 왔기 때문에 그 요령을 완전히 마스터했고, 태어나면서 가진 영능력은 차츰 강해졌던 것이다.

"너도 해라."

5년 전 아버지의 권유로 그 지도를 받아가며 치료를 시작했던 것이다.

"해보겠어요."

치료를 시작한 지 반년만에 위암인 사람의 치료를 아버지의 반대에도 불구하고 감행했다. 그 환자는 의사로부터 길어야 3개월 시한부 생명이라고 선고되었다.

아버지는 하지 않는 편이 좋다고 주장했지만, 그는 치료에 즈음하여 어떻게든지 위암을 고쳐 주려고 필사적이었다. 그리하여 3개월이 지났다. 그런데 병자는 의사로부터 3개월 생명이라고 사형선고를 받았었지만 원기를 회복했으며 마침내 완쾌되었다.

이것으로서 그의 이름은 아버지 이상으로 알려지게 되었고, 날로 유명해졌다. 그 때문에 그는 죽은 사람마저도 살려 낼 능력을 가졌다는 소문이 퍼졌다.

'죽은 사람을 살려낸다!'

방구알은 불가능하다 생각했으므로 지금껏 한번도 수술을 한적이 없었다. 그러므로 방구알은 죽은 사람을 소생시키는 것 이외는 어떠한 병이라도 고칠 수 있다고 도전했다.

"방구알님, 아무쪼록 내딸 파르나를…"

지난 9월 19일, 파르나가 원인불명의 병에 걸려 죽어가려 했을 때 파르나의 부모는 필사적으로 졸랐다.

그 일만은 할 수 없을 거라고 그 자신이 5년간 굳게 믿었기 때문에 금방 해보겠다는 의욕이 생기지 않았다. 그러나 파르나의 죽음이 임박했을 때, 방구알은 무언가 보이지 않는 힘에 이끌려 파르나의 치료를 하리라 결심했다.

"앗, 파 파르나!"

파르나는 어머니의 팔 안에서 힘없이 목을 떨구고 숨이 끊어졌다.

"그곳에 눕히세요."

방구알은 차츰 식어가는 파르나의 몸을 향해 자기의 모든 능력을 다하여 살려내려고 정신을 집중했다.

10분, 20분, 30분….

방구알도 필사적이었다. 아버지는 걱정하며 좀 쉬라고 권유했다. 그러나 방구알은 듣지 않았다.

약 1시간이 지났을 때 기적이 일어났다. 한번 정지한 파르나의 심장이 다시 움직이기 시작했던 것이다. 얼굴에 핏기도 감돌았다.

"아, 고맙습니다."

파르나의 어머니는 뜨거운 눈물을 흘려가며 기쁜 나머지 흐느꼈다.

방구알의 눈에도 반짝하고 빛나는 것이 있었다. 마침내 그는 망자를 소생시킬 수가 있었던 것이다.

"다시 또 그런 치료를 할 수 있을지 나 자신도 몰라요. 하지만 이것만으로도 만족해요."

방구알의 지친 얼굴에 기쁜 미소가 떠올랐다.

[한국의 영능력자]

원혼, 영매를 통해 천도하는 차길진 법사

차길진법사 — 우선 차법사가 하는 일만 보아도 그렇다. 대한불교조계종 포교사 '차법사'로 더 유명하며, 한국불교신문 대표, 후암문화공간 대표, 저술가이기도 하다. 또 그는 이따금 초월적인 능력을 발휘하여 주변을 놀라게도 한다.

어느 사람의 과거나 미래를 손금 보듯 알아맞히고, 그가 처한 상황을 감시나 했던 듯 읽어낸다든가 하는 투시력이나, 어떤 사회현상 내지 사태를 예견해 낸다든지 하는 예언자적 능력 또한 탁월하다.

그러나 그를 범상치 않은 사람이라 표현함은 단순히 이러한 능력 때문만은 아니다. 사람들에 대한 깊은 인간애, 이로부터 출발한 역사와 사회에 대한 관심과 통찰력, 그리고 미래를 위해 이를 구체적으로 현실에 투영시키고자 쏟아넣는 온갖 정열과 헌신적 노력, 이러한 요소들이야말로 그를 범상치 않은 사람으로 평가하게 하는 판단 근거라 함이 옳을 것이다.

그러면 차법사의 역사와 사회에 대한 관심은 어디로부터

기원하는 것인가? 그는 우리의 역사와 사회의 본질을 '비원(悲願)'의 구조로 파악한다. 우리의 역사는 원(怨)으로 뭉쳐져 한(恨)을 잉태하고, 그 한은 또 다른 한을 낳아 비원의 덩어리가 되어 우리를 짓누르고 있다고 분석하는 것이다.

해방 전후로부터 6.25에 이르기까지의 민족 갈등을 거치는 와중에서 억울하게 숨져 간 수많은 사람들. 무엇때문인지도 모른채 비참하게 죽어간 이들의 혼령을 자신들의 억울한 죽음으로 인해 구천을 떠도는 원령(怨靈)이 되어 한의 악순환을 야기시킨다는 것이다.

사회 곳곳에, 그리고 수많은 가정과 개인 개인의 가슴에 자리잡고 있는 갖가지의 '비원' — 바로 이 비원이 풀어져야만 그것이 혼령이든, 사람이든 우리를 얽매고 있는 매듭은 없어진다는 것이다.

그러면 어떻게 해원은 가능한가? 그것은 이들에 대한 각별한 관심과 따뜻한 애정에 의해 비로소 해결된다고 차법사는 믿는다. 그는 이를 위해 그의 젊은 시절 전부를 투자했다.

서울 석촌호수 옆에 위치한 '후암선원'에서 수많은 혼령들의 해원을 위해 기도, 구명시식(救命施食)을 하며 온 정성을 쏟아 부었다. 그 주장의 타당성 여부는 상당히 수긍이 가는 덕목이다.

그런데 그의 이러한 '해원'에의 믿음과 의지는 무엇으로 부터 출발하는 것일까? 이에 대한 대답은 그의 아버지 차일혁 총경으로 부터라고 해야 함이 옳을 것이다.

6. 25를 전후하여 빨치산 토벌대장으로 이름을 날리던 이가

바로 차일혁 총경이었다.

제18 전투경찰대 대장으로 빨치산 토벌에 혁혁한 공을 세웠던 차일혁 총경— 하지만 그는 11살난 자신의 아들(차길진)이 보는 앞에서 의문의 죽음을 맞게 된다. 그것은 어린 차길진으로선 감당하기 힘든 너무나 충격적인 사건이었다.

아버지의 죽음은 그의 가슴 속에 응어리지고, 그로 인해 20대 젊은 나이에 그는 불치병에 걸려 죽음에까지 직면한다. 하지만 그는 기적적으로 살아났다. (그는 이를 불법의 힘으로 돌린다.) 이를 계기로 종교에 귀의함과 함께 아버지의 죽음의 이해에 전착한다.

'왜 아버지는 의문의 죽음을 맞이하였을까?'

'왜 아버지는 어린 아들에게 그리도 참혹한 체험을 강요했을까?'

이 '왜'야말로 그가 풀어야 할 과제였다. 바로 '화두'였다. 그는 아버지 차일혁 총경의 의문의 죽음을 둘러싼 모든 것을 파헤쳐 가면서 수많은 비원의 역사적 원인을 깨달아 간다.

— 새벽부터 들판에서 일하는 농부들에게 물어보라. 공산주의가 무엇이며, 민주주의가 무엇이냐고. 과연 몇 사람이 이를 알겠는가? 지리산에서 사라져 간 수많은 군경과 빨치산들에게 물어보라. 너희들은 왜 죽었느냐고. 민주주의를 위해서, 혹은 공산주의를 위해서 죽었다고 자신있게 대답할 자 몇이나 되겠는가?

차일혁 총경이 남긴 말이다. 그는 아버지의 이러한 말을 이해하면서 왜곡되고 굴절된 우리 역사의 오류가 자신의 할아버지, 그리고 증조부대까지 거슬러 올라가 단단한 연결고리를 갖고 있음을 파악한다. 그의 증조부는 동학의 선봉장이었다. 수많은 희생자를 낸 동학의 마지막 싸움 '우금치전투'에서 포로가 된 증조부는 화형을 당한다. '척왜양창외'를 외치며 조선의 등불이고자 했던 동학에 몸을 던진 증조부는 그러한 고통 속에 숨져 갔다. 그의 조부는 일제 식민지 치하의 왜곡된 구조 속에서 혼돈된 삶을 살아야만 했는데, 그 와중에서 내 던져지듯 차일혁, 차길진씨는 자기 가족사의 참담함을 이해하면서 우리 근대사를 비로소 이해하게 된다. '왜'의 해답을 확실하게 찾은 것이다.

오늘이 있기까지의 차법사의 인생역로가 그의 저서 〈영혼의 목소리〉에 자세히 기록되어 있는데,

—나는 영혼의 세계를 지식을 통해서 또는 어느 누구의 가르침을 받아서 접근한 것이 아니라 태어날 때부터 남과 다른 특이한 체험을 했고, 영혼의 실재를 볼 수 있었다. 그러나 나의 영혼 탐구에서 가장 중요한 전기는 나의 아버님의 의문의 죽음에서 비롯된다. 아버님이 돌아가신 공주 금강가에서 넋을 건지는 진혼제를 지낸 그때부터 현재까지 아버님을 비롯한 수많은 영혼들과 만나 대화를 나누고 있다. 억울한 일을 당했을 때는 따뜻한 손길로 어루만져 주었으며, 불의(不義)한 일을 하려고 할 때는 아버님의 꾸짖음이 들려 왔다.—

그러면서 차법사는 이 파란의 역사 속에서 억울하게 죽어간 수많은 사람들에 대해 애정을 갖게 되고, 이 원령들의 위무를 위한 기도와 구명시식(救命施食)을 시작했다.

불가(佛家)에 입문한 후, 아버님에 대한 천도의식을 할 때 나는 수많은 빨치산들의 영혼을 만났으며, 아버님의 죽음과 천도는 결국 허상적인 이데올로기의 갈등으로 인한 한풀이에 억울한 죽음을 강요당한 숱한 사람들의 영혼과 밀접한 관계가 있는 것을 알게 되었고, 나아가서는 우리 민족의 한많은 근대사를 몸소 접할 수 있었다.

현재 내가 종교의 사제로서 천도의 일에 몰두하게 된 것도 모두 나의 지식과 의지보다는 끈끈하고 깊은 인연의 뿌리 때문이라고 느끼고 있다.

나는 불가의 사제로서 종교에 몸을 담고 있으나 솔직히 말해 아직까지 무엇이 정법(正法)인줄 모르고 있다. 그러나 내가 생각하는 정법은 사람들을 편하고 자유롭게 안심시켜 주는 것이라 믿는다.

나의 영혼의 세계는 심령학의 공부로 얻은 것은 아니다. 또한 오늘 내가 가지고 있는 능력과 영성이 오늘, 내일, 1년, 2년 계속 지속된다고 확신할 수도 없다. 그것은 영혼의 세계를 접하면서 죽은 자의 동심의 세계를 통하지 않고는 다가갈 수 없다.

내가 영혼의 세계를 느끼고 깨닫는 것은 인간의 존재, 영혼의 가치가 너무나 귀중하다는 것을 알기 때문이다.

[일본의 심령치료사]

파워치료사 —미야사까 요시미

'에잇!'

가늘지만 날카로운 기합이 뿜어지고 미야사까 여인의 양손에서 강한 파워가 방사된다.

"뭐, 나에게 들을 게 뭐야."

탤런트인 쓰루미쓰가 반은 콧웃음을 치고 있었다. 하지만 몇분 뒤 쓰루미쓰는 눈을 깜박거리며 나른한 태도를 보였다.

미야사까의 파워가 온몸에 순환되고, 트란스상태[의식은 뚜렷하지만 온몸이 잠든 것처럼 되어버리는 것]에 들기 시작했다. 이윽고 축 늘어지듯이 쓰러져 팔다리를 쭉 폈지만, 오른손만을 빙빙 돌리기 시작했던 것이다.

"이봐, 멈추게 해줘! 멈추지를 않아."

쓰루미쓰는 자기의 손이면서 자기로선 그 손의 움직임을 멈출 수가 없다고 호소했다.

파워를 격렬하게 움직이는 부분은 병들어 있는 것으로서 움직임으로써 파워 치료의 효과가 높아진다고 한다.

"이상하네요. 잘 듣는 것 같았습니다."

쓰루미쓰는 오사까 마이니찌 방송의 '스튜디오 2시'라는 프로의 리포터로서 미야사까를 방문하고 그 실태를 조사한 결과를 프로에서 소개하고 있었다.

미야사까가 파워 치료를 정식으로 시작한지 벌써 10여년이 지나고 있지만, 그 치료에 의해 치유된 사람은 아주 많다.

그는 자기의 파워 힘을 사용하여 병자가 자기 자신으로 그 병을 고치는 것을 돕는다고 말하는데 이제까지 꽤 많은 난치병자가 치료되고 있다고 했다.

"움직였다!"

소아마비로 양손을 잃고 있던 소년의 손이 움직이게 되었을 때 미야사까 본인도 놀랐다. 소아마비의 소년은 미야사까의 치료를 받고서부터 약 반년 뒤에는 붓을 잡고 경문을 쓰게 되었던 것이다.

파워 능력을 높이는 트레이닝을 미야사까는 지금도 거르는 일이 없다. 그 하나로써 파워를 가하여 그 상대와 자기의 일체화를 시도하고 있다. 이만큼 강한 파워를 낼 수 있다면 상당히 중태의 환자라도 고칠 수 있는게 아닌가 생각된다.

미야사까의 아들과 남동생도 함께 치료를 담당하고 있는데 그 파워 능력 또한 아주 강하다.

[영국의 투시능력자]

미궁 사건을 투시로 해결한 네라

1978년 3월 3일, 갑자기 행방불명된 오오사까 스미노에구에 사는 다바타 겐지씨의 장남 사쿠노스케(3세)를 수사하기 위해 영국의 투시 능력자 네라 죤즈(46세) 여사가 1979년 2월 일본에 왔고, 19일 방송을 통해서 수사의 투시를 시작했다.

"아주 슬픈 사건이라 마음이 내키지 않는다."

네라는 사쿠노스케의 사진을 엎어 놓은채 오른 손으로 눈 앞을 가리고 고통의 표정을 띠었다.

"심정은 알지만 어떻게든지 찾아야만 하므로…"

나는 요리우리 TV의 관계자와 함께 네라의 마음을 진정시키는데 한동안 땀을 뺐다.

다바타씨 댁을 방문하여 양친, 조모 등과 만나고 불전에 장식된 사쿠노스케 어린이의 사진을 보며 어린 아이가 애용한 장난감과 봉제완구 등을 만졌을 때 네라의 투시력은 작동하기 시작했다.

네라는 역향(逆向) 투시에 의해 사쿠노스케가 좋아했던 음

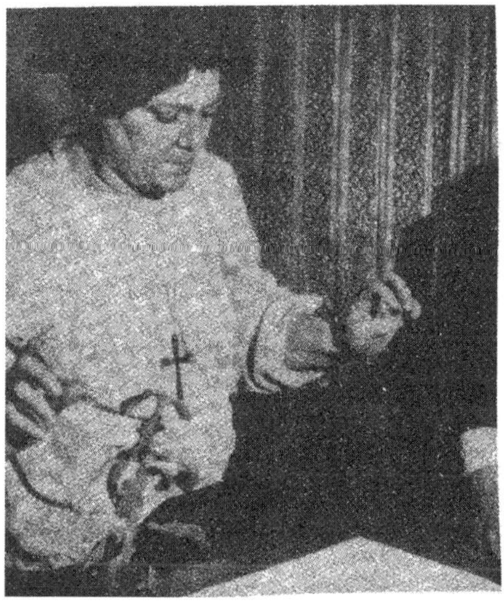

식과 성격, 친한 친구의 이름 등을 척척 맞추기 시작했다.

"그, 그렇습니다."

네라의 한마디, 한마디에 부모와 조모는 크게 고개를 끄덕였고, 그 투시의 놀라움에 놀라고 있었다.

사쿠노스케의 생사를 물었을 때 네라는 작은 목소리로,

"언 해피(슬픈 일이다)."

라고 하며 그것 이상은 말하려고 하지 않았다.

네라는 사고 현장을 투시하려 하지 않았다. 그곳부터 투시하려 하면 웬지 떠오를 영상이 사라지고 만다는 것이었다.

"이 근처에 3층 건물로서 엘리베이터가 딸려 있는 구급병원이 있겠지요. 그 근처에서 종소리 비슷한게 들린다."

고 하면서 네라가 넓은 오오사카의 지도 한곳에 표시를 했을 때 깜짝 놀라고 말았다.

그곳에 '난고병원'이라는 3층짜리 병원이 하나 있었을 뿐아니라 그녀가 병원 가까이에 있다고 그려 놓은 '도리이'(신사 앞에 세운 돌기둥의 문)도 엄연히 있었기 때문이다.

"강한 화학약품 냄새가 난다. 수도공사인가 무언가 파이프 공사를 한 곳이 있어. 그리고 빨강과 흰빛의 파이프 울타리가 있고…"

네라는 차례로 표시한 장소를 투시해 나갔다. 그것들은 모두 슬픈 사건이 되어 있는 사쿠노스케 어린이를 발견하는 핵심점이었다.

투시가 일단락된 네라는 방금 투시한 장소에 가겠다면서 곧 현장으로 달려 갔다.

있었다! 네라가 투시한 포인트는 모두 적중하고 있었던 것이다.

"여기에 파묻혀 있다."

네라는 굵은 공업용수의 파이프가 매설되어 있는 장소에 서더니 단호히 말했다. 그리고 손에 든 국화 한송이를 그곳에 두고 그 자리를 떠났다.

"내가 하나의 어머니였다면 이렇게 하지 않을 수 없다."는 말을 남기고.

네라는 마지막이다 싶은 장소를 투시했던 것인데, 유감스럽게도 그곳은 부근에 있는 수백개의 공장에서 사용하는 공업용수용 파이프가 매설된 곳이라서, 부분적으로 취급한다면 파이프가 폭발하기 때문에 도저히 발굴할 수 없었다.

파는 방법은, 범인의 자백에 의해 경찰이 그 권한을 갖고서 송수를 스톱시킬 수밖에 없는 것이었다.

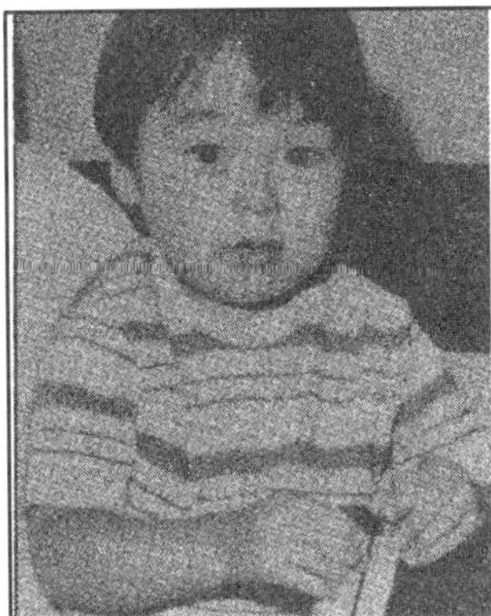

네라는 경찰이 몽타주한 범인의 인상을 수정했다. 그 때문인지 방송국의 스튜디오와 경찰에는 1천여 건의 정보가 들어왔다. 그 가운데 경찰이 유력한 정보로써 선정한 것은 150건에 이르렀다.

"네라 여사의 투시가 옳다고 생각합니다. 범인이 자수를 해주고 하루라도 빨리 사쿠노스케를 내 팔에 안고 싶습니다."

어린이의 어머니는 네라가 꽃을 놓은 장소에 서서 눈물어린 목소리로 말했다.

[영국의 심령능력자]

음악가의 영을 자유로이 부르는 로즈마리

영국 런던 변두리에 사는 로즈마리 브라운(60세) 여사는 유명한 작곡가 '리스트'의 영이 들러붙어 배운 적도 없는 피아노를 치든가 베토벤, 쇼팽, 브람스 등 유명한 음악가의 작품을 오토매틱 라이팅(자동서기)에 의해 씀으로서 세계적으로 유명해졌다.

30년쯤 전 그녀는 한 사람의 신사 영을 똑똑히 보았던 것이다. 그때 그녀는 그것이 누구인지 몰랐다.

"음악의 일로서 당신은 세상에 알려지리라."

라고 그 신사가 한 말의 의미도 몰랐다. 가난한 가정에서 태어난 로즈마리는 그날 그날 살아가는 일이 힘든 때였던 것이다. 그러나 뒷날 우연히도 그 신사가 리스트임을 알았을 때부터 그녀가 피아노 앞에 앉으면, 그녀의 두 손은 저절로 움직였고, 어려운 곡을 자유로이 연주해 냈던 것이다.

로즈마리의 이런 이상한 행동은 곧 화제가 되었고, 영시 능력자가 조사했더니 그녀에게 리스트의 수호령이 붙어 있고,

그런 리스트의 영이 매체가 되어 베토벤 등 다수의 음악가들 영이 그녀의 육체를 빌어 작품을 쓰고 있음을 알았다.

"일본인 음악가의 영을 불러주고 그 작품을 써주지 않겠소?"

나는 로즈마리를 만났을 때 부탁했다. 그녀는,

"리스트에게 부탁해 보겠어요."

라고 승낙했다. 그리고 1년 반쯤 지난 1979년 1월의 일이다.

"다끼라는 음악가가 있습니까?"

내가 재차 로즈마리를 찾아가자 그녀는 느닷없이 물었다. 그리고 그 다끼라는 음악가는 젊어서 병으로 죽은 모양이라고 덧붙였다.

젊어서 병사한 다끼라는 음악가라면 그것은 명곡 '황성의 달'을 작곡한 저 '다끼 렌타로' 밖에는 생각할 수가 없는 것이다.

그녀는 아주 기뻐했다. 그리하여 다끼의 영이 나타났을 때의 광경을 말했다. 그것은 1978년 11월 27일 밤의 일이었다.

로즈마리는 서재에서 책을 읽고 있었다. 그때 온몸이 뜨거워졌다. 그것은 영계의 리스트가 모습을 나타낼 때 생기는 현상이었다.

이윽고 리스트의 영이 나타났다. 리스트는 한 사나이와 동행이었다. 그것이 다끼였던 것이다. 다끼는 리스트의 배후에서 있고 그녀에게는 접근하려 하지 않았다.

"나를 사용하여 무언가 작품을 발표해 주세요."

라고 로즈마리는 다끼를 향해 몇 번이고 말했다.

‘얼마 후 작품이 완성되면 오겠습니다.’

‘다끼는 가늘고 작은 목소리로 말하더니 사라졌다.

“아주 인상적인 사람이었지요. 그 뒤에도 두 번 다끼의 목소리를 들었습니다.”

‘로즈마리는 틀림없이 머지않아 다끼의 작품을 발표할 수 있을 거라고 했다. 나는 로즈마리가 다끼 렌타로의 작품을 발표할 때 곧 런던에 날아올 것을 약속하고 헤어졌다.

[영국의 심령능력자]

고인의 메시지를 전하는 아일리너

"스스로도 어째서인지 모릅니다."

영국의 런던에 사는 아일리너(62세) 여사는 고개를 갸웃하는 것이었다. 보통 사람은 펜을 사용하려면 반드시 그 펜을 손가락으로 끼어잡고 글씨를 쓰기 마련이고 그렇지 않으면 쓸 수가 없는 법이다.

"자기 자신이 글씨를 쓸 때에는 펜을 잡고서 쓰지요."

아일리너 여사는 그렇게 다짐했다. 허나 그녀의 영력이 활동하고 자동서기로서 글씨를 쓰게 되면, 왠지 펜이 저절로 손가락 위에 올라 앉으면서 술술 글씨를 쓰기 시작하는 것이었다.

이제까지의 10여년 간에 그녀는 300명 이상의 고인의 편지나 문장, 시 등의 자동서기를 하고 있는데, 어떤 때는 전혀 무의식중에, 어떤 때는 의식이 있으면서도 의식과는 전혀 다른 것으로써 펜이 움직였다.

"이것은 확실히 죽은 남편의 필적입니다."

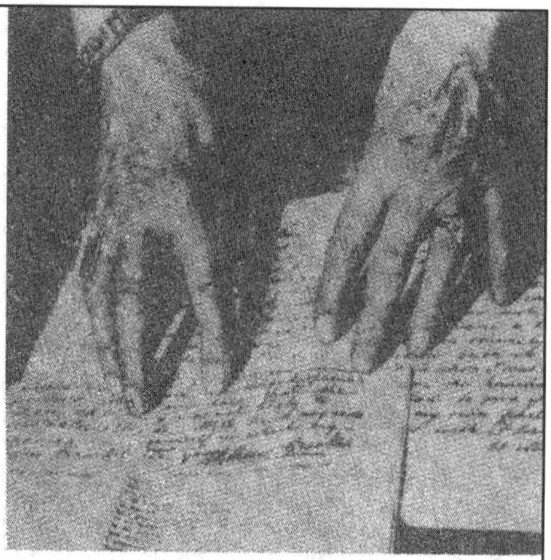

수년 전 아일리너 여사는 드라이브를 나갔을 때 갑자기 자동서기가 시작되고, 50년 전에 죽은 어느 귀족의 메시지를 썼던 것이다.

송신자도 수신인의 주소, 성명도 분명했으므로 그녀는 연락을 위해 메시지를 보내 주었다. 그랬더니 메시지의 내용은 그 가문에 있어 매우 중요한 것으로서, 가족간에 분규를 일으키고 있던 일이 그것에 의해 해결되기에 이르렀던 것이다.

이 일이 그녀를 유명하게 했을 뿐만 아니라 그 자동서기 방식의 신비로움으로 유명해졌다.

영국의 심령학자들도 아일리너 여사의 이같은 방법에 관해,

"처음 케이스이므로 전혀 모르겠다."

고 고개를 갸웃뚱하고 있으며, 그 해명은 앞으로 기대가 된다.

[영국 성당에서의 기적]

기도로 불치의 병이 완쾌되다

심령연구 생활을 한지 30년이 된 나마저도 그 기적에는 고개를 갸웃했다.

런던에 사는 통역겸 비서로부터 신문이나 TV에서 소개된 '기적의 교회'의 일을 듣고서도 납득이 잘되지 않았다.

그 기적은 영국의 글래스고에 있는 가톨릭 성당에서 일어났다. 때는 1979년의 일이다.

교회 가까이 사는 신도인 존 파아거(56세)씨는 의사로부터 위암 말기라는 사형선고를 받았다.

"만일 이 세상에 신이 있다면 기적을 이 몸에 베풀어 주십시오."

파아거씨는 비가 오나 바람이 불거나 성당에 와서 기도를 계속했다. 열심히 오로지 기적만을 내려 주기를 빌었던 것이다. 기도는 계속되었고, 세월도 함께 흘러갔다.

파아거씨의 병은 아무런 자각할 수 있는 변화가 일어나지 않았다. 하지만 기분 탓인지 그때까지 괴롭든가 아프든가 한

부분에 별달리 고통을 느끼지 않았다.

그는 의사한테도 가지 않았다.

기도를 계속하는 파아거씨를 부인 마리아, 토머스 레이테 신부만이 묵묵히 지켜보고 있을 뿐이었다.

그리하여 반년 가까이 되었다. 고작해야 1년이라고 의사가 말했었는데 파아거씨는 비쩍 마르기는 커녕 이전보다 오히려 원기가 있어 보였다.

"의사에게 진찰해 달라고 합시다."

부인의 말에 파아거씨는 마지 못해 의사를 찾아갔다.

"엉?"

진찰한 의사는 고개를 갸웃거렸다. 놀랍게도 위암의 자국이 깨끗이 없어져 있던 것이다.

"기적입니다. 참으로 기적이라고 밖에 할 말이 없습니다."

파아거씨에게 사망의 시기까지 선고한 의사는 다만 그저 기적을 연발할 뿐이었다.

이런 기적을 알고 교회에는 매일 수많은 사람들이 찾아왔고, 병의 완쾌를 기도하고 있으며, 내가 갔을 때에도 좁은 성당은 3백여명의 사람들로 북적거리고 있었다.

이 '글래스고의 기적'에 대해 찬부 양론이 활발하지만, 내가 들은 중에서 인상 깊었던 것은 모 대학병원장의 코멘트였다.

"기적을 부정한다면 살아나가지를 못한다. 그것은 신의 힘에 의한 것이든, 인공적인 힘에 의한 것이든 기적이 일어나 이상할 것은 없는 것이다."

[영국의 초능력자 레나]

저주받은 사진의 수수께끼

"저 사람의 꽃점은 백발백중이지요."

영국 맨체스터에 사는 레나(26세)양은 꽃점의 명인으로써 맨체스터는 물론이고 런던에 까지 그 이름이 알려져 있다.

그녀의 꽃점은 아프리카인이 하던 것을 배운 것이라고 한다. 그녀가 지금 쓰고 있는 꽃은 튜울립과 장미로서 여성은 장미, 남성은 튜울립을 사용한다.

"하는 것을 사진으로 찍게 해 주겠습니까?"

"아뇨, 안돼요. 방식은 비밀입니다."

나의 부탁을 그녀는 단호히 거절했다. 하지만 나에 대해 튜울립을 사용하고서 점을 쳐주었다.

양손으로 꽃을 가볍게 싸안듯이 하며 들고 꽃잎을 하나씩 뜯어내어 그것을 입에 물고, 입에 물었던 것을 레나양에게 건넨다. 그러면 그녀는 그 꽃잎을 새하얀 손수건 위에 놓고 오른손의 집게 손가락으로 가볍게 누르면서 점친 내용을 말하는 것이다.

"고집이 센 사람이네요. 그 때문에 매우 많은 손해를 보고 있어요. 하지만 그 고집 때문에 아주 큰 의의가 있는 일을 할 수 있어요."

"여성운은 나쁘고… 참으로 마음을 터놓을 수 있는 사람이 없군."

레나양은 나에게 연령도 이름도 묻지 않고 잇달아 12항목을 점쳐 주었다. 12항목 중 과거와 현재의 일이 7항목 포함되고 있었는데, 6항목이 딱 들어맞고 있었다.

내가 레나양을 맨체스터까지 찾아간 이유는 꽃점을 보러 간 것은 아니었다. 그녀가 이상한 심령사진을 만나도, 그 때문에 몇 명의 목숨이 구해졌다는 이야기를 들었기 때문이다. 그것은 꼭 2년 전의 일이었다.

레나양에게 한 처녀가 찾아와서 점을 쳐달라고 했다. 그러나 그때 레나양은 웬지 점을 칠 수가 없었다.

"당신의 배후에 노신사가 찍혀 있는 사진 같은 것이 보이는데…"

레나양은 그 처녀에게 말했다. 그 순간 처녀의 얼굴이 파랗게 질렸다. 그리하여 지금까지 같은 말을 몇번 들었는데 그런 사진은 발견되지 않는다고 대답했다. 하지만 레나양은 아무래도 그 사진의 일이 꺼림칙했다. 그래서 그녀는 처녀의 집을 찾아갔다.

'저 속을 찾아보세요.'

레나양은 응접실에 있는 낡은 항아리를 가리켰고, 처녀에게 그 안을 조사하라고 했다.

'앗!'

항아리 속에 한 장의 사진이 있었던 것이다. 사진 뒷장에 '꼭 저주해서 죽인테다' 하는 무시 무시한 글씨가 씌어져 있었다.

"이 여성은?"

사진 속의 남성 복부에 나타나 있는 여성은 주위로부터 미치광이 취급을 받고 자살한 처녀의 숙모뻘이었던 것이다. 신사는 처녀의 조부이고 수년 전에 사망하고 있었다.

"이 숙모님의 탈입니다."

레나양은 그 무시 무시한 사진을 알고 있는 신부님께 주고 공양을 부탁했다. 그 때문인지 4명의 병은 거짓말처럼 낫았다고 한다.

[이탈리아의 영능력자]

범인은 손에 점이 있다

"동생의 영(靈)을 꼭 성불시켜 주고 싶어요."

이탈리아의 로마에 사는 영능력자 F. 타르나(43세)씨에게 어느 날 루쿠시라고 하는 여성이 찾아왔다. 그녀의 동생이 행방불명된 것은 14년 전의 일이었다. 직업을 찾아 영국으로, 다시 스페인으로 간 것 까지는 알고 있었으나 그 뒤 소식이 끊어졌다.

마지막으로 온 편지는 스페인으로 부터였으나 내용은 잘 있다는 간단한 것이었다.

"3년쯤 전부터 죽어 있는 동생의 꿈을 꾸는 거예요. 언제나 아주 슬픈 얼굴을 하고 있었어요."

루쿠시는 타르나에게 동생의 생사와, 죽었다면 어디에 묻혀 있는지 영시(靈視)해 달라고 했다.

"해봅시다."

그녀는 독특한 카드를 사용하여 먼저 생사를 영시해 봤다. 그 얼굴은 점점 흐려졌다.

"죽었습니다. 살해되어…"

"예, 살해되었다구요. 누구에게요?"

루쿠시는 몸을 앞으로 내밀었다.

타르나는 자기 자신을 트란스상태로 만들면서 다시 영시를 했다.

"동생은 이탈리아로 돌아와서 살해되고 있습니다. 범인은 여성인 것 같습니다."

타르나는 동생의 유골이 로마 교외의 지하 묘지에 있다고 말했다. 그러나 그곳은 신원 불명자들의 묘지로서 뼈가 엄청나게 많고 어느 것이 동생의 뼈인지 알 수 없으니 그 묘지의 사진을 찍어 오라고 루쿠시에게 말했다.

루쿠시는 곧 사진을 찍어 왔고, 타르나에게 보여 주었다. 그녀는 10여매의 사진 중에서 1매를 골라냈다. 책에 있는 사진이었다.

"이것이 동생이지요."

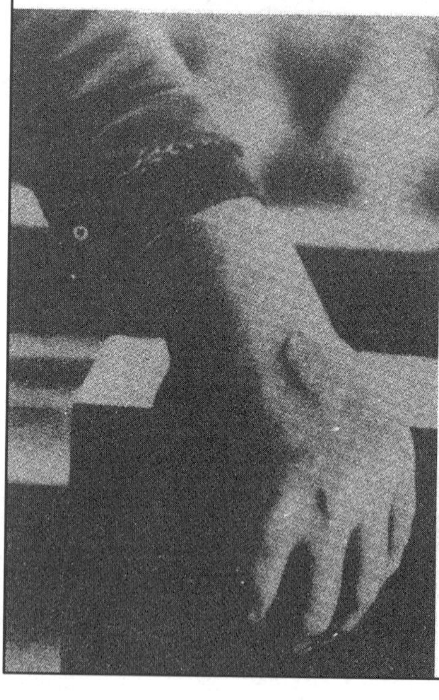

타르나는 해골 하나에 표시를 했다. 그리고 범인의 영시를 시작했다. 그녀는 사진의 해골과 대화를 하듯이 영시했다.

"이 여성은 로마 시내에서 일하고 있습니다. 장소는 알기 쉬운 곳이지만 꼼짝 못할 증거가 이 여성의 왼손에 만들어져 있습니다."

그 증거란 왼손 등에 동전 크기의 점이라는 것이었다. 타르나는 해골과 대화하면서 자기의 왼 손등에 점을 그렸다.

루쿠시는 너무도 놀라운 일이라 아무 말도 못하고 있었다. 그로부터 5일후 슈퍼마켓에서 일하는 마루(39세)라는 여성이 살인 혐의로 체포되었다. 그리하여 범행을 자백받게 되었다.

이 책을 읽는 순간
당신의 운명이
바뀐다.
영혼과 4차원 세계
전격공개! 전9권 완간

편저자 약력

서울에서 출생하여 서울대 문리대 국문과를 졸업. 1951년 경향신문 신춘문예에 「聖火」가 당선되어 문단에 데뷔. 그후 일본에 진출하여 「심령치료」「심령진단」「심령문답」등을 저술하여 일본의 심령과학 전문 출판사인 대륙서방에서 간행하여 큰 호응을 얻었으며, 다년간 심령학을 연구함. 그후 「업」「업장소멸」,「영혼과 전생이야기」「인과응보」「초능력과 영능력개발법」「최후의 해탈자」「사후의 세계」「심령의 세계」등 심령과학시리즈 20여종 저술(서음미디어 간행)

증보판 발행 : 2009년 10월 20일
발행처 : 서음미디어
등 록 : No 7－0851호
서울시 동대문구 신설동 94－60
Tel (02) 2253－5292
Fax (02) 2253－5295

편저자 | 안 동 민
기획/편집 | 이 광 희
발행인 | 이 관 희
본문편집 | 은종기획
표지 일러스트
Juya printing & Design
ISBN 978-89-91896-39-0
홈페이지 www.seoeumbook.com
E. mail seoeum@hanmail.net